AF144139

Dieses Buch ist meinem Freund und Lebenspartner Thomas gewidmet. Ich kann mir keinen besseren als dich für mich vorstellen!

Danke, dass es dich gibt und du mich in dein Herz gelassen hast!

<u>Für dich:</u>
Ich liebe dich!

Inhalt

Vorwort

Die Liebe ist eine komische Sache. Wir brauchen sie,
wollen sie, aber sie lässt sich nicht halten. Vogelgleich
entflieht sie, wenn du sie zu greifen suchst. Lässt du sie
zu, füllt sie dich aus.
Sie mehrt sich, wenn du sie verschenkst, wird weniger,
wenn du sie für dich behältst. Die Liebe wiederspricht
jeglichen Gesetzmäßigkeiten der Welt.

Liebe kann krank machen - oder Krankheit heilen.
Sie dominiert die Literatur und Medien und ist bei vielen
das einzige Gesprächsthema.
Doch wie kann das sein? Wieso ist sie derart
allgegenwärtig und dominant?

Brauchen wir sie?
Ja!

Ohne Liebe wären wir als Spezies nicht überlebensfähig.
Ob das Mensch oder Tier trifft, Liebe ist ein
Grundelement, das uns am Leben hält. Wir brauchen die
Liebe als Triebfeder. Wegen ihr wurden,nicht grundlos,
Kriege geführt und Schlachten geschlagen.
Die schwerste Frage lautet nicht, ob es sie gibt, sondern
- wie lässt sich damit umgehen?

- Wie können wir mit ihr umgehen?
- Wie können wir sie umarmen, ohne von
  ihr gefangen genommen zu werden?

- Wie können wir uns von ihr leiten lassen, ohne von ihr erschlagen zu werden?

Vor allem die erste Liebe ist die schwerste. Darin unerfahren erlebt der / die frisch Verliebte zugleich Himmel und Hölle auf Erden, taumelt durch Liebesentzücken und Liebeskummer. Gleichzeitig ist unklar, wie kann er / sie damit umgehen?

Dieses Buch ist als Hilfe für diejenigen gedacht, die gleichermaßen tröstende Worte und Tipps benötigen.

Verliebt sein sucht sich keiner aus. Wer sie geschenkt bekommt, erhält Wertvolles geschenkt.

Das Leben als Tingle

einsamer Single

Viele entscheiden sich aus freien Stücken fürs Alleinsein.

Das kann an einem fordernden Job oder dem Wunsch nach Unabhängigkeit liegen. Wenn du Single bist und dich freiwillig fürs Alleinsein entscheidest, ist das in Ordnung. Doch ist es bei vielen keine Entscheidung fürs Leben, sondern ein Lebensabschnitt, zu dem es passt.

Die Mehrheit der Singles haben noch nicht den richtigen Partner für sich gefunden. Viele tun sich schwer an einer Beziehung zu arbeiten und leben lieber allein.
Auch wer neu in einer Stadt ist, kann mit (vorübergehendem) Single-Status konfrontiert werden. Wenn du Single bist, wie gehst du damit an? Bist du zufrieden damit frei zu sein? Oder fehlt dir jemand an deiner Seite, der zu dir passt?
Wärst du lieber liiert, kannst du an einer Änderung deines aktuellen Status arbeiten. Allerdings geht das nicht von heute auf morgen - du wirst Zeit benötigen.

Tipp:
Wenn du allein sein kannst (das lässt sich lernen), kann das wunderbar sein.
Du kannst als Single leichter Vergangenes reflektieren

und dich auf dich und deine Wünsche besinnen und konzentrieren.

Alleinsein ist nicht ident mit einsam sein. Wie der Winter eine Phase der Neuerungund Erholung für die Natur darstellt, kannst du das Singledasein für dich nutzen. Sofern du es zulässt und daraus Positives für dich ziehen kannst.

Halte inne und reflektiere, wie du dich entwickelt hast. In diesen Stunden ist es wichtig zu spüren, dass deine Existenz richtig ist. In diesen Momenten sollte es weder Erwartungen noch Beurteilungen geben. Unsere Zeit verdrängt gern diese wichtigen Ruhephasen. Sie ähneln der Verpuppung eines Schmetterlings ähnlich.
Lass Altes, das du nicht mehr brauchst, ziehen. Es wird aus deinem Leben verschwinden. Dadurch bist du bereit für Neues. Nutze das Singledasein um dich weiter zu entwickeln. Wo kannst du das besser ergründen als in dieser Phase?

Denk an diejenigen, die sich in die Einsamkeit der Klöster oder in Einsiedeleien zurückgezogen haben. Menschen, die die Ruhe suchen, um zu sich selber zu finden. Ruhe und Alleinsein müssen nicht schlecht sein, sofern du sie richtig nutzt.

Wichtig!

Die wenigsten ertragen diese Phase auf Dauer. Der Mensch wurde als soziales Geschöpf in die Welt geboren.Wenn du spürst, dass sich in dir der Wunsch nach einem Partner / einer Partnerin in dir entwickelt,ist es an der Zeit dich auf die Suche zu machen.

Tipp:

Hör auf dein Herz und frag dein innerstes Ich: "Was willst du?"

Dating via Internet - beliebte Schummeleien

Ohne Internet geht heutzutage nichts mehr. Es vereinnahmt das Leben, kann Hilfe oder Fluch sein. Wie gehst du damit um? Nutzt du es sinnvoll oder ist es für dich Zeitvertreib?

Das Internet hat uns viele Möglichkeiten in die Hand gegeben, die frühere Generationen nicht hatten.
Unter anderem hilft das Internet bei der Partnersuche. An sich ist es nichts Schlechtes den Partner via Internet zu suchen.

Dein Wunsch dich im besten Licht zu präsentieren und die eigenen Vorzüge deutlich hervorzuheben ist verständlich. Bis zu einem gewissen Grad macht es Sinn sich herauszuputzen und die Dinge anders zu benennen. Schummeln und Flunkern existierte einst ebenso wie heute. Im Gegensatz zu früher wird heute im Internet hingegen gelogen, dass sich die Balken biegen.

Doch offensichtliches Lügen kann rasch zu bitteren Enttäuschungen führen. Es ist eine Gratwanderung bis wohin es gut geht.

Weißt du, wo online gern geschummelt wird?

Attraktivität

Zugegeben, Schönheit liegt im Auge des Betrachters. Jeder findet anderes attraktiv und anziehend. Zwar präsentieren Werbung und Medien ein gewisses Schönheitsideal, das Gewünschte ist davon meilenweit entfernt.

Frag 100 Leute auf der Straße was sie schön finden, du wirst 100 verschiedene Antworten bekommen. Der eine mag Sommersprossen süß finden, der andere nicht, wo der eine blond bevorzugt, schätzt ein anderer schwarzhaarig. Ob mit oder ohne Bart, groß oder schlank - das ist grundverschieden bei den Menschen.

Wie ehrlich du sein solltest, kommt auf die Plattform an, auf der du dich bewegst. Doch Grundprinzipien solltest du beachten.

- Stell keine Bilder online, die zu alt sind
- Bearbeite Bilder nicht zu stark.
- Sei bei Gewicht und Größe zumindest halbwegs ehrlich.

Spätestens beim persönlichen Treffen kommt ohnehin die Wahrheit heraus.

Allerdings kannst - und sollst du - deine persönlichen Vorzüge herauszustreichen. Dazu musst du dich nicht verkleiden, betone deine Besonderheiten.Das reicht. Du musst dich nicht verkleiden, nur um deinen Schatz zu bekommen. Vorzüge herausstreichen bringt mehr als bewusstes Lügen - sofern du Partnerschaft auf Zeit suchst.

Sportlichkeit

Bist du eine sportliche Person kannst du das ruhig sagen. Im besten Fall findest du die Liebe und einen Trainingspartner, mit dem / der du zusätzlich den Sportplatz teilen kannst.
Ist deine einzige Beziehung zu Sport darin, dir im Fernsehen diverse Liveberichte anzusehen,ist es klüger dir zu überlegen, ob du dich im Internet als sportliche titulierst.

Überleg dir gut, ob du von eigenen sportlichen Highlights schreibst, als wärst du ein Tennisprofi oder permanent am Wandern. Das kann leicht nach hinten losgehen.

Familienstand

Dieser Punkt ist heikel. Vorzugeben Single zu sein und jemanden an der Seite zu haben ist heikel. Stell dir vor, du suchst eine längerfristige Beziehung und triffst auf jemanden, den / die du traumhaft findest. Bald stellt sich heraus, dass die Person vergeben ist und du das dritte Rad am Wagen wärst. Wie ginge es dir damit?

Du kannst über deinen Familienstand lügen, aber die daraus folgenden Konsequenzen trägst du selber. Flunkern mag nachvollziehbar sein, offensichtliche Lügen sind ein anderes Kapitel.

Stell dir vor, du hast ein bestimmtes Bild von deinem Gegenüber. (zum Beispiel: Single, Mitte 20, kinderlos) Beim ersten Treffen wartest du vergebens auf diese Person. Jemand anderer sitzt vor dir, mit dem / der du nicht gerechnet hast. (zum Beispiel: Ende 40, verheiratet, drei Kinder).

Wie geht es dir damit?

Ein erstes, unverbindliches Treffen kannst du locker eingehen. Suchst du ein unverfängliches Abenteuer, brauchst du nicht die ganze Lebensgeschichte erzählen.

Willst du jemanden für eine längerfristige Partnerschaft ist Ehrlichkeit Trumpf.

Du brauchst nicht gleich mit der Tür und möglichen Kindern ins Haus fallen. Allerdings sag nicht, dass du frei und ungebunden bist, wenn das nicht stimmt.

Tipp:
Mach dir klar was du suchst und was du erwartest. Es macht einen immensen Unterschied jemanden für ein paar Stunden bei sich zu haben oder den Wunsch zu verspüren, den Rest des Lebens mit dieser Person zu verbringen.

Hast du Kinder?

Bei diversen Singlebörsen entpuppt sich Elternschaft als massiver Hemmschuh. Darum gibt es Singlebörsen spezielle für Mütter und Väter. Zusätzlich verändert Nachwuchs die Kriterien, die an einen zukünftigen Partnergestellt werden.
Wenn dein Gegenüber dir deutlich klar macht, dass er / sie lieber Kinderlose als potentielle Partner in Erwägungzieht, sag freundlich danke und verabschiede dich. Hier verlierst du.

Alter

Bist du jung und knackig? Oder gehörst du einem reiferen Semester an? Ein paar Jährchen auf oder ab tun nicht weh.
Sobald eine zweistellige Zahl den Unterschied deiner Angaben ausmacht, kann es ungute Fragen aufwerfen. Dabei können ältere Semester reizvoll sein.
Viele jüngere Frauen interessieren sich für Herren mit weißen Schläfen. Jüngere Burschen bekunden Interesse an reiferen Damen. Einigen geht es ums Geld, andere schätzen das Alter und die Reife.

Hohe Altersunterschiede machen Probleme, wenn die Interessen massiv unterschiedlich sind, oder die Angehörigen ein immenses Problem damit haben.

Du brauchst dein Alter nicht zu verstecken. Mach dich nicht künstlich jünger, als du bist!
Leider herrscht heutzutage ein massiver Jugendwahn. Aber nicht bei allen. Manchmal fällt die Liebe dorthin, wo du sie nicht vermutest.

Wer garantiert dir, dass die Liebe deines Lebens eine gleichaltrige Person ist?

Beruf

Früher konnte eine Berufsbezeichnung noch leicht einer Tätigkeit zugeordnet werden. Heute stehen in allen möglichen Tätigkeiten Worte wie "Manager" drin. Egal, wie hoch komplex die Aufgabe in Wahrheit ist.

Bist du an einem Abenteuer für eine Nacht interessiert, ist Flunkern und Übertreiben an der Tagesordnung. Willst du eine ernsthafte Beziehung auf Dauer, bleib lieber bei der Wahrheit.

Schummeln und Lügen führen leicht zu herben Enttäuschungen, weil du dir anderes Bild dieser Person gemacht hast. Gerade den Job betreffend knüpfen viele massive Erwartungen dran.

Tipp:
Lern die Person dir gegenüber erst genauer kennen. Selbst wenn sie nicht die hübsche Stewardess, sondern eine Supermarktkassierkraft ist, oder er im Lager arbeitet, statt als Unternehmer Tausende unter sich zu haben - es sind Menschen, die wie du, Liebe suchen. Der Job sollte nicht das alleinige Auswahlkriterium bleiben.
Wichtig ist, der Mensch dir gegenüber passt zu dir.

Singlebörsen

Kennst du Single- oder Partnerbörsen? Hast du selber mit dem Gedanken gespielt dich bei einer anzumelden? Bei vielen haben diese Börsen noch den Touch von Anrüchigkeit und Verlogenheit. Dabei können diese einem zumindest helfen den Kreis an beziehungswilligen Personen zu erweitern. Wichtig ist, dass du die für dich richtige Börse auswählst.

Früher lernten sich Paare im Freundes / Familienkreis kennen. Diese übernahm die "Kennenlern-Arbeit" für einen.
Wer diese Option nicht hatte oder wollte, verlegte sich auf Annoncen in Zeitungen oder besuchte Orte wie Tanzlokale oder Cafés. Manchmal lernten sich die Paare direkt über ihren Arbeitsplatz kennen.

Längst sind Familienstrukturen kleiner geworden. Freundeskreise verändern sich heute im Jahrestakt. Wie vieleMöglichkeiten bleiben übrig?
Vielfach haben Single- / Partnerbörsen die Aufgabe übernommen, Menschen zusammenzubringen. Sie übernehmen einen guten Teil der Arbeit von Partnervermittlungen.

Auch, wenn diese Börsen bisweilen einen schlechten Ruf haben (Männerüberschuss, Fakeprofile und anderes), können sie helfen die Liebe zu finden.

Fakt ist - viele dieser Börsen existieren, um beziehungswilligen Personen das Geld aus der Tasche zu ziehen.

Tatsächlich gibt es bei vielen Börsen einen massiven Männerüberschuss. Gerade weibliche Profile werden gefakt um zahlungskräftige Männer anzuziehen wie das Licht die Motten.

Lass dich nicht von deinen Hormonen leiten lässt, sondern bewahre einen kühlen Kopf.

Tipp:
Wähle gut aus, welcher Singlebörse du dich anvertraust. Stell einfache Fragen!

- Was suchst du tatsächlich - ein schnelles Abenteuer oder die große Liebe?
- In welchen Kreisen bewegst du dich? So gibt es zum Beispiel Singlebörsen für Akademiker oder alleinerziehende Eltern.
- Achte auf Empfehlungen!
- Recherchiere gründlich bevor du deine Daten und dein Herz preisgibst. Die ausgewählte Börse sollte seriös sein. Mach dich schlau, unseriöse

Börsen werden schnell und gnadenlos in der Luft
zerrissen.

Achte auf die Kosten!

Wie weit bist du willens Finanzielles in deine
Partnersuche zu investieren? Kannst oder willst du dir
keine kostenpflichtige Börse leisten hast du die Option
Gratisbörsen zu nutzen.
Außerdem bieten viele kostenpflichtige Single- /
Partnerbörsen eine abgespeckte Gratisversion an. Dort
kannst du ebenso die Liebe finden. Allerdings sind die
Funktionen in den Gratisvarianten eingeschränkt. In der
Bezahlversion bekommst du zusätzliche Funktionen frei
geschalten.

Tipp:
Gratisangebote sind nicht per se schlecht. Du kannst
dort austesten und probieren - und wirst auf Anhieb
fündig.

Achte auf die Datensicherheit!

Vor einiger Zeit gab eine bekannte Partnerbörse
sämtliche Daten frei. Doch das war nicht freiwillig,
sondern aufgrund einer gezielten Attacke. Einige
ersparten sich die Peinlichkeiten an Erklärungen und

nahmen sich daraufhin das Leben.

Tipp:

Recherchiere nach, wie gut es um die Sicherheit deiner Daten bei dieser Börse bestellt ist. Achte aufVertraulichkeit.

Achte auf die Funktionsmöglichkeiten!

Bei vielen Single- / Partnerbörsen kannst du eine Gratisversion nutzen. Gleichzeitig bieten sie einen kostenpflichtigen Vollzugang an.

Teste die Gratisversion, wenn du dir bezüglich der Börse nicht sicher bist, bevor du den kostenpflichtigen Vollzugang nimmst. Das ermöglicht dir, das angebotene Spektrum testen zu können.

- Wie breit gefächert ist das Spektrum des Angebotes?
- Kannst du auswählen, was und wie viel du von dir preisgibst?
- Wie hoch ist die Anzahl weiblicher / männlicher Profile?
- Ab wann gibt es uneingeschränkten Zugang zu allen anderen Profilen?
- Welche Grundbedingungen sind daran geknüpft?

- Wie zielgerichtet kannst du suchen?
- Gibt es Persönlichkeitstests, die dir helfen mögliche Partner zu finden?
- Existiert eine Geld-Zurück-Garantie?

Als Basis reichen diese Grundfragen aus.

Tipp:

Bei der Auswahl der Single- / Partnerbörse hör auf Mundpropaganda, recherchiere, wie ihr Ruf ist. Wie seriös ist sie? Lies Erfahrungsberichte!
Hast du dich für eine Börse entschieden, teste die Gratisversion aus, bevor du dich auf die Bezahlvariante einlässt. Achte auf die jeweiligen Konditionen.

Achte auf deinen Auftritt!

Bleib lieber zu dezent, als zu offenherzig. Wähle ein Foto, das zur Börse passt. Gerade als Frau kann wirst du ohnehin mit Angeboten und Mails von anderen überschwemmt. Je seriöser dein Auftritt ist, umso leichter kannst du deine erste Auswahl treffen. Als Mann denke gut nach, ob du mit einem offenherzig auftretenden weiblichen Gegenpart anfangen willst - oder ist dir ein dezentes Gegenstück lieber? Bedenke - stille Wasser sind tief.

Die Auswahl deines Fotos ist wichtig - weißt du, wohin
die Bilder in den Tiefen des Netzes verschwinden?
Orientiere dich an Fotos anderer Profile. Wer ist das
Zielpublikum der Börse? In manchen Börsen kommt
Businesskleidung besser, in anderen passt legere
Kleidung mehr.
Zudem ist es sinnvoll dein Foto auf dein Profil
abzustimmen.

Tipp:
Probiere Single- / Partnerbörsen aus, wenn du das willst.
Achtest du auf Seriosität und die Auswahl der
für dich richtigen Börse, bist du vor einem guten Teil
negativer Erfahrungen geschützt.
Wunder können sie keine vollbringen - sie sind einfach
eine Chance, die du nutzen kannst.

Du weißt, es wird gern geflunkert, lass dich überraschen.
Klammer dich nicht an ein Wunschbild! Es wäre schade,
wenn du deinem Märchenprinzen oder
Märchenprinzessin gegenübersitzt und ablehnst, weil er
/ sie die falsche Haarfarbe hat.

Tipp:
Geh zu vereinbarten Treffen.

Des Öfteren passiert es, dass Treffen über eine entsprechende Börse ausgemacht werden und einer der beiden taucht nicht auf. Wenn du nicht mutig genug für ein Treffen bist, frag dich, ob eine solche Single- / Partnerbörse das richtige für dich ist.
Hast du gute Gründe das Treffen zu meiden, gib rechtzeitig Bescheid, dass du nicht auftauchst. Es gebietet die Höflichkeit!

Eine Single- / Partnerbörse
kann dir helfen, deine Wünsche nach der Liebe besser zu formulieren. Ob du sie nutzen willst oder nicht, es finden sich darin gute Fragen, die dir helfen können zu formulieren, nach wem dein Herz ruft.

Lass dich überraschen - es ist nicht von der Hand zu weisen, dass du dort die Antwort auf eine Frage findest:

"Was willst du?"

Begehrter Single

Wo lässt sich im "real Life", ohne Internet, jemand finden?
Generell besteht ÜBERALL die Möglichkeit, jemanden kennenzulernen. Manchmal stolperst du über einen Menschen und es funkt im gleichen Augenblick. Oder ihr findet euch sympathisch, trefft euch regelmäßig und werdet später ein Paar. Andere Paare kennen sich seit vielen Jahren und verlieben sie sich eines Tages. Prinzipiell besteht überall dort, wo du Menschen treffen kannst, die Möglichkeit deinen zukünftigen Schatz, kennenzulernen. Doch was, wenn du das nicht dem Zufall überlassen willst? Wohin kannst du gehen? Wo stehen deine Chancen gut?

Hast du dir überlegt einen Ort aufzusuchen, wo es generell Mangel an deinem Geschlecht gibt?
Das trifft Frauen gleichermaßen wie Männer, vor allem, wenn es sich um geschlechtertypische Hobbys dreht.

Männermangel

Kannst du tanzen? Oder hast du vor es zu lernen? Hervorragend! Im Bereich des Tanzes wirst du eine große Auswahl an potenziellen Partnern finden - vor allem, wenn du Ausschau nach einer Frau hältst. In vielen Tanzschulen gibt es lange Wartelisten für Frauen, die sich einen männlichen Tanzpartner wünschen.

Wusstest du, dass es Tanzkurse für Singles gibt? Doch warum herrscht dort im Normalfall Männermangel? Tanzunterricht hat eine lange Tradition. Früher war es eine der wenigen Möglichkeiten unverfänglich das andere Geschlecht kennenzulernen. Heute sind Tanzkurse - vor allem für Männer - mehr lästige Pflicht als Freude. Entsprechend schwer ist es gute männliche Tänzer zu finden. Gute Tänzer können daraus Kapital schlagen. Sie sind begehrt.

Wusstest du, dass gute männliche Tänzer bei manchen Bällen für die Dauer des Balles gemietet werden können?

Du musst nicht tanzen lernen, wenn dir der Gedanke missfällt. Allerdings vergibst du damit eine gute Möglichkeit. Du kannst dort neue Leute kennenlernen und deinen Freundeskreis erweitern, sondern die Liebe deines Lebens finden.

Klassiker wie Walzer oder Rumba sind gefragt. Du kannst dich gut auf eine mögliche Partnerin einstellen. Willst du mit mehreren potenziellen Partnern tanzen, bieten sich eher Salsa oder Tango an. Dabei wechselst du die Tanzpartner um einiges schneller.

Natürlich sind Tanzkurse keine Garantie. Bedenke jedoch, du kannst mit diesem Können und Wissen einen Gutteil deiner Konkurrenz ausstechen.

Wichtig!

Ziehst du diese Möglichkeit in Erwägung, ist es nötig, zumindest ein klein wenig Spaß dran zu haben. Ist dir tanzen zuwider, merkt das deine potenzielle Partnerin schneller als dir lieb ist.

Tipp:

Wenn dich tanzen nicht interessiert, besuch eine Schnupperstunde in einem Tanzkurs. Vielleicht findest du Gefallen daran. Findest du es langweilig, hast du es zumindest probiert.

Sollte dir Tanzen nicht liegen, wie wäre es mit Reitsport, Kulturelles oder Kochkursen?

In all diesen Bereichen gibt es im Schnitt weit mehr Frauen als Männer.

Frauenmangel

Als Frau wirst du frühzeitig mit einer Unmenge an Konkurrenz konfrontiert. Der Markt ist heiß umkämpft, die besten Partner sind schnell vergeben.
Mach dir nichts vor, es gibt andere, die jünger, hübscher, adretter, schöner und erfolgreicher sind als du.

Nach wie vor denken viele Frauen, puppenhaftes Aussehen reicht, um begehrt zu werden. Glaubst du den Medien und deinem Umfeld reicht ein hübsches Äußeres und möglichen Partner stehen Spalier.

Im Märchen funktioniert das, in der Realität ist es schwerer. Die meisten Frauen gehen dort auf Suche, wo sie eine Menge Konkurrenz vorfinden. Hebe dich ab von der Masse! Das steigert deine Chancen!

Es gibt viele Männer, die mit ihrer Partnerin abseits des Klischees unternehmen wollen. Solche Frauen sind Partnerin und "Kumpel". Willst du deiner Optik wegen gemocht und geliebt werden? Oder willst du mehr?

An Orten mit Frauenmangel kannst du dir die Zankereien anderer Frauen ersparen.

Denk über ein männertypisches Hobby nach. Viele Frauen jammern, dass sie in Tanzkursen keinen Partner finden oder im Yoga-Unterricht die Männer fehlen. Umgeben von anderen Frauen suchst du nach einem (männlichen) Partner fürs Leben. Wie hoch, denkst du, ist deine Konkurrenz?

Kannst du dir vorstellen die ausgetretenen Pfade zu verlassen und Neues zu probieren? Männertypische Hobbys haben meistens mit Technik, Maschinen oder Sport zu tun.

Sieh dich um, ob es in deinem Umfeld etwas davon gibt. Hast du einen Verein oder Klub gefunden, der dir zusagt, wage einen Besuch! Mach dich darauf gefasst, dass du anfangs wie ein Alien behandelt wirst. Dort vorhandene Männer sind es nicht gewöhnt, dass sich ein weibliches Wesen zu ihnen verirrt - und sich noch für IHR Hobby interessiert.

Viele Männer schätzen es eine Partnerin an ihrer Seite zu haben, die keine Berührungsängste mit Schmutz, Matsch oder ähnlichem hat. Wie oft beklagen sich Männer, dass ihr Schatz sich nicht für seine Hobbys interessiert? Habt ihr am gleichen Hobby Interesse, steigen deine Chancen. Das hilft zusätzlich, um eine lange Beziehung am Laufen zu halten.

Männertypische Hobbys sind unter anderem:

- Heimwerken
- Auto und / oder Motorrad
- Modelleisenbahn
- Computer
- Sportliches wie Fußball, Paintball oder Airsoft

Liebe, das Gefühl

Was ist Liebe?

Was fällt dir beim Wort Liebe ein?
Vielfach spricht hier das Herz oder du wiederholst, was
du gehört oder gelesen hast.

Pragmatisch betrachtet handelt es sich bei Liebe um ein
Gefühl von Zuneigung und Zuwendung gegenüber einer
Person, einem Tier, einer Sache oder Tätigkeit.
Liebe wird zuerst psychisch empfunden.
Eigentlich ist Liebe eine heftige Emotion. Wir verbinden
sie mit Schönem, Gutem und Wertvollem.

Allerdings ist Liebe nicht gleich Liebe. Sie unterscheidet
sich darin, wem oder was gegenüber du sie empfindest.
Ob Liebe zum Haustier, den Geschwistern oder einer
Sache ist ein Unterschied.

Können wir die Liebe nicht ausleben, schlägt das
Positive leicht in Negatives um. Das kann verschiedene
Gründe wie aus Verluste, Kummer oder andere Gründe
haben. In diesem Fall entwickeln sich Trauer, Wut,
Enttäuschung und vieles mehr.

Beobachte Tiere, leicht geht es bei Haustieren wie Hunde oder Katzen. Was passiert, wenn Herrchen / Frauchen nicht da ist und sie ihre Liebe nicht ausleben können? Ein Gefühl des Vermissens entsteht da. Besonders deutlich ist es zu sehen, wenn der Mensch fehlt. Das geht bis zu dem Punkt, dass Hunde vom Grab ihres geliebten Menschen nicht mehr weggehen wollen.

Bei Menschen ist es ähnlich. Wir müssen erst lernen mit Abwesenheit des anderen umzugehen. Dein Schatz ist, wenn du verliebt bist, wie eine Droge für dich. Du kannst nicht mehr ohne ihn / sie sein, und wenn er / sie weg ist, fangen Entzugserscheinungen an.

Die Liebe im Leben

Kennst du den Ausspruch "die Chemie muss stimmen."?

Die Liebe ist im Grunde nicht mehr als ein chemisches Zusammenspiel.
In den Genen verankert bestimmen neuronale und biochemische Vorgänge, in wen wir uns verlieben. Doch wie diese Botenstoffe zusammenspielen, das konnte bisher noch keiner ergründen.

Nüchtern betrachtet ist Liebe alles andere als romantisch. Dopamin sorgt für Glücksgefühle, Adrenalin putscht auf und Endorphine wirken als Opiat des Körpers und versetzen dich in Kombination in ein rauschähnliches Gefühle. Viele weitere Komponenten konnten bis heute nicht identifiziert werden.
Und was ist mit den Emotionen und Begierden?
Nüchtern betrachtet dient die Liebe ausschließlich zum Erhalt der Spezies.

Liebe ist vielschichtig und stets mit einem Zweck verbunden!
Babys sind abhängig von der Liebe ihrer Versorger (das betrifft Mensch und Tier gleichermaßen). Die Liebe zum Kind oder den Jungen ist bei manchen unglaublich. Sieh dir Tiere an, die für das Leben ihrer Jungen ihr eigenes Leben aufs Spiel setzen.

Dinge, die wir lieben, sind Überbleibsel von einst, als jede Kleinigkeit das eigene Leben erhielt, wie Felle oder wärmende Feuersteine. Alles diente zum Erhalt des (eigenen) Lebens. Im übertragenen Sinn kannst du Ähnliches bei Tieren mit ihrem Nestbau beobachten. Da wird das gesammelte Material wichtig. Ein Nest muss rechtzeitig fertig werden.

Diese Dinge können uns selber schmücken, die Wohnung schöner werden lassen. Ob Schminke, Schmuck oder ein modernes Handy - alles kann, bei genauer Betrachtung, uns für andere interessant erscheinen lassen. Das hilft jemanden zu finden und dient somit dem Erhalt der Spezies.

Denkst du Eigenliebe sei sinnlos? Das ist falsch - zumindest bis zu einem gewissen Grad. Wer sich selber lieben kann, wird offener und damit zugänglicher. Gleiches gilt für die Liebe zu einer höheren Macht. Diese Punkte helfen unsere eigene Existenz und die Spezies zu erhalten.

Romantiker sehen das naturgegeben anders!

romantische Liebe

Die Liebe hat unendlich viele Gesichter. Eines davon ist das romantische. Doch, da stellt sich jetzt eine Frage.

Was ist romantische Liebe?

An sich bezeichnet der Begriff Romantik eine bestimmte Zeitepoche. Ca. 1800-1850 waren die

Weltanschauungen gespalten zwischen rational und gefühlsbetont. Künstler, Dichter und Komponisten wollten diese zerrissene Welt heilen und schufen große Werke voll Gefühl. Märchen, Sagen und Mythen dienten dabei als Kulissen.

Verwunschene Schlösser, blühende Sommerwiesen, verzauberte Nächte oder eine Stadt gefangen in umhüllenden Nebelschwaden - romantisieren ließ sich alles.

Denk an Filmreihen wie "Twilight". Wenn du es genauer hinsiehst, erkennst du noch vieles aus der damaligen Epoche.

Wenn wir uns in eine andere Welt versetzt fühlen, kann es sich schnell romantisch anfühlen. Verträumt, Märchenhaft, rosarote Brille, das alles kann ein Leben lang halten – wenn wir das wollen.

Kann romantische Liebe mit dem gleichen Partner ein Leben lang funktionieren?

Erlischt der Funke der Romantik nicht nach einer gewissen Zeit? Keineswegs! Wir können uns neu in den eigenen Partner verlieben.

Leicht ist es nicht die Romantik im Leben zu halten.

Möglich ist es! Sieh dir die Paare an, die nach vielen Ehejahren noch zärtliche und romantische Gefühle füreinander hegen.
Die Benebelung des Anfangs der Beziehung mag zwar verschwunden sein, sie kann neu erstehen.
Bei diesen Paaren haben sich im Lauf der Zeit besondere neuronale Verknüpfungen gebildet.
GemeinsameErinnerungen und Träume verstärken diesen Effekt.

Romantik kann die Jahre überdauern. Sie ändert sich, wird reifer - wächst mit dem Paar. Wenn du es zulässt, wird die Romantik kurzfristig leiser, aber sie ist da, wenn du sie brauchst.

Ein Gefühl von Liebe

Worte sind eine Sache, deine Liebe zu zeigen ist anderes!

Du kannst durch Kleinigkeiten viel erreichen. Kannst damit deinem Schatz ein Gefühl von Geborgenheit, Sicherheit und Liebe zu signalisieren.
Bist du beeindruckt, zeig es deinem Schatz.

Zeige Zuneigung

Leg nicht ständig deinen Arm um deinen Schatz, halte nicht permanent Händchen – das mag nicht jeder! Gegen kleine, liebevolle Gesten oder leichte Berührungen gibt es wenige Einwände. Im Gegenteil, sie werden im Regelfall genossen.
Wie stellst du das am Besten an?

- Wenn ihr spazieren geht – nimm ab und zu kurz die Hand deines Schatzes, sofern das gewollt und gewünscht ist.
- Kuschel dich beim Sitzen an deinen Schatz, gib ihm / ihr das Gefühl wichtig für dich zu sein.
- Leg deine Hand auf Schulter oder Arm deines Schatzes, damit signalisierst du eine Menge.
- Fahr mit der Hand über den Kopf deines Schatzes. Vorsicht, wenn am gleichen Tag ein Besuch beim Friseur war.
- Berühr deinen Schatz nebenbei und spielerisch. Huckepack nehmen oder kurz über die Wange streichen macht Spaß und kann einen zum Lachen bringen. Überhaupt ist Humor für eine Beziehung wichtig!

Unterstütze deinen Schatz

Du willst, dass dein Schatz sich geliebt fühlt?
Komplimente und Berührungen sind zwar eine schöne
Sache, aber für eine großartige Beziehung reicht das
nicht aus.
Überstützte deinen Schatz!
Unterstützung ist ein wesentlicher Aspekt im
menschlichen Zusammenleben. Finde heraus, was dein
Schatz mag / braut und unterstütze ihn / sie. Liebe ist
schön, aber fordert dich.
Möglichkeiten existieren unglaublich viele.

- Sei da, wenn dein Schatz jemandem zum Reden
  braucht.
- Begleite deinen Schatz bei Sportbesuchen,
  Wettkämpfen oder zu Theater /
  Kinoaufführungen.
- Hör zu, wenn dein Schatz sein / ihr Herz
  erleichtern will.
- Halte deinen Schatz, wenn er / sie Kummer hat.
- Braucht dein Schatz Unterstützung, wenn er / sie
  lernen muss - sei da.
- Hat dein Schatz einen anstrengenden Tag
  gehabt, massier seine / ihre Füße.

Liebe ist fordernd. Wenn du willst, dass dein Schatz merkt, wie wichtig er / sie dir ist, sei da, wenn Hilfe nötig ist. Es sind diese kleinen Gesten, anhand derer dein Schatz erkennt, was du für ihn / sie empfindest.
Denn Liebende unterstützen einander nach Kräften.

Unerwartete Küsse

Wie würde es dir gehen, wenn ihr miteinander spazieren geht und dein Schatz drückt dich ohne Worte an sich und küsst dich?
Dann fallen noch Worte wie diese: "Ich konnte dir nicht widerstehen, du bist großartig!"

Würde dir das gefallen? Wenn du das schön findest, mach es bei deinem Schatz. Ein zarter Kuss auf die Wange ist im Regelfall hier passend.

Zeit für Romantik - Zeit für einander

Es gibt Männer, die sind romantischer als viele Frauen. Gleichzeitig gibt es Frauen, die mit Romantik nichts anfangen können.Finde heraus, ob dein Schatz Romantik schätzt.

Die meisten freuen sich über Blumen und romantische, zärtliche Umarmungen und Treffen. In der Anfangszeit ist Romantik überall vertreten, mit der Zeit schwindet das. Haltet die Romantik lebendig!
Sicher, ihr seid im Lauf der Zeit mit anderen Dingen beschäftigt, seid müde von der Arbeit oder erschöpft von euren Kindern. Vergesst ihr die Romantik in eurem Leben, fehlt euch eine Kraftquelle!

Schafft euch fixe Zeiten, in denen ihr euch nicht stören lasst. Nehmt euch regelmäßig Zeit füreinander. Eure Beziehung dankt es euch.
Es ist wichtig, um zu sagen – ich will dich weiterhin!
Denn du bist mir wichtig!

<u>Zeig ihr/ihm, dass du an ihn/sie denkst, wenn ihr euch gerade mal nicht seht.</u>

<u>Tipp:</u>
Kleine Gesten kosten nicht viel, bringen aber eine Menge.

<u>Wichtig!</u>
Kommt von deinem Schatz rein nichts zurück, sondern wird genommen - frag dich ernsthaft, ob deine Liebe erwidert wird.

wie kannst du Liebe noch definieren?

Liebe in Worte zu fassen ist schwer. Sie zu definieren ist es nicht minder.

Wenn du sie definieren müsstest, wie würdest du das tun?

Wie klingen diese Definitionen für dich?

- Die Gratwanderung zwischen Genie und Wahnsinn nennt sich Liebe.
- Es gibt keine Definition, jeder empfindet diesen wunderbaren Irrsinn anders.
- Zuerst ist da Verliebtheit. Liebe ist ein Gefühl, das sich tief einbrennt und aus Verliebtheit heraus entwickelt.
- Verliebtheit ist ein wunderbares Gefühl. Du schwebst auf Wolke 7 und trägst die rosarote Brille. Aus dieser erst ersteht tiefe, wahre und echte Liebe.
- Du stellst deine eigenen Bedürfnisse für deinen Schatz zurück. Dir ist wichtig, dass es ihm / ihr gut geht. Du möchtest ihn / sie beschützen und behüten vor den Schrecken der Welt.
- Wenn du liebst, würdest du Dinge tun, über die du dich unter normalen Umständen nicht drüber traust.

- In jeder Liebe finden sich Egoismus wie Hörigkeit. Doch wie überall, die Dosis macht das Gift.
- In ihr bist du mit deinem Schatz verbunden. Du spürst Nähe, Vertrauen, Verrücktheit, Anziehung und Verlangen. Wenn die Mischung stimmt, kommt die Liebe in dein Leben.
- Wenn ihr heftige Krisen gemeinsam meistert und weiter zueinander steht, ist es Liebe.
- Sobald du spürst, dass ein Teil deines eigenen Ich fehlt, wenn der andere nicht da ist, ist es Liebe.
- Wenn du dich öffnest, obwohl du weißt, dass du verletzt werden kannst, ist es Liebe.
- Reicht dir eine Umarmung von deinem Schatz, damit es dir besser geht? Dann verspürst du Liebe.
- Ein Samenkorn, eine Blume ist wie die Liebe. Wenn du sie pflegst und hegst, wächst sie, gießt du zu viel, geht sie kaputt.
- Wenn ihr wisst, ihr gehört zusammen und könnt ohne einander nicht sein, ist es noch Verliebtheit oder Liebe?
- Du spürst, dass der Mensch an deiner Seite dich nicht absichtlich verletzen, kränken, belügen oder hintergehen würde. Dieser Mensch wird für dich

da sein wird, dich nicht im Stich lassen. Das ist Liebe.

- Wenn dein Schatz nicht mehr lebt und an seinem/ihrem Grab stehst und noch dieses eine, wärmende Gefühl für ihn / sie empfindest, das dich bei bitterer Kälte wärmt, ist es Liebe.
- Du siehst diesen einen besonderen Menschen an, das kann viele Jahre später noch sein, und spürst ohne Vorwarnung DER / DIE ist es! Das ist Liebe.
- Sobald sich zwei Seelen miteinander verbinden und ihr Leben miteinander teilen wollen, weil jeder spürt, ohne den andren fehlt ein Teil des Selbst. Das ist Liebe.

Götter der Liebe

Die Liebe ist eine Himmelsmacht wird erzählt. Warum sollen Verliebte nicht mit göttlichen Mächten nachhelfen?

Wundert es einen, dass sich gerade in Mythologien Gottheiten herauskristallisierten, deren Aufgabe die Liebe war? In allen Kulturen undVölkern, glaubten die Menschen an höhere Mächte und Wesen. Stets sahen sie zu Göttlichem auf, das sie vernichten oder ihnen zur Seite stehen konnte.

Sie beteten, erhofften sich Unterstützung und Hilfe in allen Lebenslagen - in der Liebe - zu erfahren. Selbst in monotheistischen Religionen gibt es Ansprechpartner für die Liebe. Im Christentum ist dies zum Beispiel der Heilige Valentin, der unserem Valentinstag den Namen lieh.

Eine komplette Auflistung aller zuständigen Liebesgötter ist ein Ding der Unmöglichkeit. Entsprechende Aufzählungen würden endlos sein.

Bist du verliebt, probiere es aus und bitte um Hilfe. Wer weiß, schließe ein Wunder nicht aus.

- **Ägypten:**
  Hathor, Isis, Kadesch und Bes
- **Albanien:**
  Prende
- **Arabien:**
  Alilat
- **Armenien:**
  Anaitis
- **Assyrien und Babylonien:**
  Ištar
- **Azteken:**
  Xochipilli – Gott der Liebe und des Tanzes

- **Etruskien:**
  Atunis und Alpan
- **Finnland:**
  Sackamieli
- **Griechenland:**
  Aphrodite und Eros
- **Hawai:**
  Laka – Göttin des Hulatanzes
- **Hinduismus:**
  Lakshmi (Sanskrit – Glück, Schönheit, Reichtum)
- **Indien:**
  Kamadeva
- **Kanaan:**
  Astarte
- **Kelten:**
  Brânwen – kymrische Göttin über Liebe und
  Fruchtbarkeit
- **Mesopotamien:**
  Istar
- **Persien:**
  Mylitta
- **Phönizien:**
  Astarte (oder punisch Tanit)
- **Ostafrika:**
  Ala – Mutter und Fruchtbarkeitsgöttin

- **Rom:**
  Venus und Amor
- **Skandinavien / Wikinger:**
  Freya
- **Skythen:**
  Argimpasa und Artimpaasa
- **Slowenien:**
  Ladà
- **Sumer:**
  Inanna

Liebe und Zweisamkeit unter Tieren

Die meisten Menschen träumen davon, den Partner fürs Leben zu finden und mit diesem gemeinsam alt zu werden. Längst ist das für viele Menschen zu einem lebenslangen Traum mutiert.
Lebenslanges Zusammensein ist bisweilen Schwerstarbeit. Es reicht nicht aus einen Menschen für sich zu gewinnen. Liebe bis ins Alter bedeutet permanent an der Beziehung zu arbeiten. In guten wie in schlechten Zeiten!
Da scheinen es die Tiere, um einiges leichter zu haben. Inwieweit diese an einer lebenslangen Beziehung

arbeiten, lässt sich schwer abschätzen. An die 95 % aller Tiere sind sprunghaft und wechseln die Partner wie die sprichwörtliche Unterhose. Die restlichen 5 % sind einander bist zum Tod und darüber hinaus treu.

Die Monogamisten im Tierreich sind unter anderem diese:

Schwäne
Jahr für Jahr beziehen sie das gleiche Nest. Sie helfen sich in allen Belangen gegenseitig.

Biber
Eigenheim und Kinderschar ist das Markenzeichen der fleißigen Baumeister.

Weißhandgibbon
Während die meisten Affen ihre Partner unglaublich schnell wechseln, sind die Gibbons anders. Ihre Partnersuche dauert bis zu drei Jahren und hält bis zum Tod.

Präriewühlmaus
Den Beginn der Beziehung feiern sie bis zu 24 Stunden,

ausgefüllt mit Liebe. Selbst nach dem Tod bleiben sie
ihrem Partner treu.

Wanderalbatrosse
Diese können bis zu 60 Jahren alt werden. Sie gehen
oftmals getrennte Wege, aber bleiben sich treu.

weitere Tierarten, die unter Monogamisten fallen:
Anemonenfische (Clownfische)
Brillenpinguine
Elefanten
Füchse
Gelbwangen-Amazone
Graugänse
Schabrackenschakale
Schwarzbrauenalbatrosse
Schwertwale
Seepferdchen

Liebes-Typologie der Sternzeichen

Ob du an sie glaubst oder nicht, respektiere die Meinung deines Gegenübers. Viele Menschen ziehen Sternzeichen heran, um zu entscheiden, ob sie eine Beziehung eingehen sollen oder nicht. Sie lassen die Sterne entscheiden. Du ebenfalls? Oder bringt dich der Gedanke eher zum Schmunzeln?

Hier findest du einen kleinen Schwung an "Grundkenntnissen" über die Sternzeichen (gängige Gedanken zu den jeweiligen Sternzeichen). Doch Achtung, nimm nicht alles für bare Münze, was man über Sternzeichen sagt, jeder, der Horoskope erstellt wird dir sagen, da gehört vielmehr dazu.

Widder
Anziehend, ein brodelnder Vulkan

Widder gehen die Liebe mit viel Feuer an. Als leicht entflammbar stürzen sie sich mit Leidenschaft und Begeisterung in eine neue Beziehung. Eine gemeinsame Zukunft steht schnell im Raum.
Verliebten Widdern fällt das Warten schwer. Seine Ungeduld lässt ihn leicht das Interesse verlieren.

Sein gewinnendes Lächeln, die Sportlichkeit und seine Art die Dinge anzugehen, machen ihn attraktiv.

Stier
Eindeutiger geht es nicht.

Verliebte Stiere packen die Liebe direkt an den Hörnern und kommen gleich zur Sache.
Sobald er an jemandem interessiert ist, sind die ausgesandten Signale eindeutig. Am liebsten ist ihm ein Partner, mit dem er das Leben richtig genießen kann. Er ist unglaublich loyal und liebt die Genüsse des Lebens – Essen, Trinken, Urlaub und alles andere Schöne.

Von seinem Wunschpartner erwartet er das Gleiche. Auf der Waage darf sein Schatz gern mehr wiegen, er mag keine Knochengerippe an seiner Seite, sondern jemanden, an den er sich ankuscheln kann.

Zwillinge
Spaß ohne Bindung

Die Liebe ist für den Zwilling großartig und wunderbar.
Ernst nehmen will er sie weniger.
Die richtigen Worte lassen sich leicht finden. Zwillinge

tragen ihren Schatz gern auf Händen. Das merkt man, wenn man mit ihm flirtet. Entsprechend lang ist die Liste seiner Flirtpartner.

Das ist für eine Beziehung nicht günstig. Zwillinge suchen Abenteuer in der Liebe, egal wie gern sein Schatz ihn binden würde. Hier hilft die lange Leine, um die Beziehung nicht zu gefährden.

Krebs
Kuschelig und verträumt

Die große Liebe ist das Ziel dieses Romantikers. Als Partner ist er liebevoll und zärtlich, die Nähe zueinander bedeutet einem Krebs viel.Ist er verliebt, gibt es keinen anderen, die Treue ist felsenfest.

Am liebsten hat ein Krebs einen anschmiegsamen Partner, mit dem er durch dick und dünn gehen, und ein schönes Heim aufbauen, kann.
Fern- und Wochenendbeziehungen fängt ein Krebs besser nicht an. Das kann zu einer gewaltigen Zerreißprobe werden.

Löwe
Diva und strahlender Sonnenschein

Löwen beeindrucken leicht und gern. Ihnen liegen die Bühnen der Welt offen, dank Aussehen, Charisma und innerer Stärke.Sie wollen beachtet und begehrt werden, Hollywood wäre ein Traum für sie. Verliebte Löwen lassen die Liebe zu einem besonderen Erlebniswerden. Wer sich in Löwen verliebt wird es schwer haben. Öffentlich wie privat hängt öfters die Diva raus. Löwen können unglaublich anstrengend werden.

Jungfrauen
Anspruchsvolle und pragmatische Analytiker.

Jungfrauen verlieben sich schwer. Ihr Wunschpartner muss eine schöne Menge zu bieten haben, das kann Niveau und Geld ebenso wie Charme oder ein feuriges Wesen sein.

Sie schätzen Unterhaltungen und wollen mit ihrem Partner über alles Mögliche reden können. Binden sich Jungfrauen, kann sich der Partner glücklich schätzen. Sie sind loyal und zuverlässig, können alles organisieren und unterstützen, wo es nötig ist. Weder Alltag noch Job machen Jungfrauen zu schaffen.

Lediglich die tägliche Routine kann ein Stolperstein werden - und dass Jungfrauen bisweilen eine leichte Bürokratenmentalität leben. Alles will gut durchgeplant sein. Mit Spontanität tun sie sich schwer.

Waage
menschliche Mottenfalle

Waagen verfügen über ein bezauberndes Wesen und Charme. Ihr Bekanntenkreis ist groß. Viele verlieben sich in eine Waage.
Sie wollen perfekt auszusehen. Von ihrem Schatzerwarten sie das ebenfalls. Kultur und Weltoffenheit, Luxus und Eleganz umgibt eine Waage. Als Gesprächspartner auf hohem Niveau ist eine Waage gut geeignet.
Ihr hoher Anspruch kann sie im Lauf der Jahre einsam alt werden lassen.

Skorpion
Verführung pur

Ohne Leidenschaft geht bei Skorpionen nichts. Halbherzigkeit verträgt ein Skorpion nicht, da verzichtet er lieber.
Wer sich auf einen Skorpion einlässt, erlebt Liebe und Leidenschaft pur. Das kann anstrengend werden.

Skorpione sind treu und kameradschaftlich. Sie zu verletzen kann selbst Jahre später für bittere Konsequenzen sorgen. Betrügen ist eine dumme Idee. Skorpione planen und schlagen zu, wenn der andere nicht mehr damit rechnet.

Schütze
Vom Urlaubsflirt zur Liebe

Schützen lieben die Jagd. Eine Liebe muss einen Hauch Unerfülltes haben, um zu beglücken. Die Sehnsucht ist wichtig. Die Liebe darf nicht zu alltäglich werden, das treibt ihn in die Flucht. Routine wird leicht langweilig. Er reist gerne, findet die Liebe in einem fernen Land. Sein "Problem" können Urlaubsflirts werden.

Steinbock
Explosiv und experimentierfreudig

Seine Ansprüche sind hoch. Wer das Leben lieber ruhig angeht und mit Karriere wenig anfangen kann, wird eher aussortiert, statt in die engere Wahl zu kommen. Seine Partner dürfen ihm gern ebenbürtig sein. Für ihn ist gutes Benehmen wichtig. Der Steinbock ist ein ruhiger Menschenschlag. Ist seine Grenze überschritten (das dauert lange) kann er richtiggehend explodieren.

Wer sich auf einen Steinbock einlässt, sollte mit möglichen Eifersuchtsanfällen rechnen.

Wassermann
Flirten ist für die Liebe gefährlich.

Wassermänner sind unkonventionell und originell. Flirten bis zum Abwinken schätzt er, am liebste unverbindlich. Doch Übermut tut nicht gut. Ständig hadert er damit entgehender Gelegenheiten. Er tut sich schwer, mit Bedacht vorzugehen.
Wer sich auf einen Wassermann einlässt, muss mit Flirtereien mit anderen. Das kann eine Beziehung belasten und enttäuschend sein.

Fische
Freiheitsliebend und rätselhaft.

Seine Leidenschaft und Liebe ist anfangs verborgen. Wer sie findet, darf sich über heiße und innige Beziehungen freuen.
Fische tendieren zum Einzelgängertum, das macht es nicht viel leichter mit ihnen. Innerlich spüren Fische die "Gefahr", sich in einer Beziehung zu verlieren.
Besonders Powertypen finden Fische interessant, sehen sie als Herausforderung, bei der

Fingerspitzengefühl gefragt ist.
Wer mit einem Rätsel an seiner Seite leben kann und
selber Freiraum braucht, ist mit einem Fisch gut bedient.

Liebespaare

Gehörst du zu denen, die mit Begeisterung
Liebesprobleme und -glück anderer Personen verfolgen?
Das trifft Hollywood ebenso wie den Adel oder die
"einfachen" Menschen in deiner Nachbarschaft.Vielleicht
freust du dich, wenn ein berühmtes Paar Nachwuchs
bekommt oder lästerst, wenn ein Promi den eigenen
Partner betrügt und aufliegt.

Das Liebestreiben Prominenter nimmt viel Platz in der
Klatschpresse ein. Die wenigen Paare, die sich
gefunden, über Jahrzehnte zusammenblieben und
keinerlei Skandale produzierten sind nicht interessant.

Doch eines wäre interessant zu wissen: Wie schaffen es
diese Paare nach all der Zeit noch zusammen zu sein?

Solche Paare gab und gibt es. Sieh genauer hin.
Natürlich ist es ein Ding der Unmöglichkeit sämtliche
Liebespaare, die es je gab aufzuzählen. Wenn du
möchtest, nimm sie dir als Vorbild! Wenn nicht, staune
und freue dich für sie.

Einige davon kommen dir sicher bekannt vor:

aus der Geschichte:
Napoleon & Josephine
Cäsar & Cleopatra
Oscar Wilde & Lord Alfred Douglas

aus Literatur, Film und Mythologie:
Romeo & Julia
Tristan & Isolde
Ferdinand von Walter & Luise Miller (Kabale und Liebe)
Cyrano & Roxane
Orpheus & Eurydike
Paris & Helena
Perikles & Aspasia
Othello & Desdemona
Troilus & Cressida
Odysseus & Penelope
Scarlet O`Hara & Red Butler
Theseus & Ariadne
Morticia & Gomez Addams

die Märchenwelt:
Die Schöne & das Biest
Quasimodo & Esmeralda
Aschenputtel & der Prinz

Minne und Liebe

Was ist mit jenen, denen es ausreicht Liebe zu geben, ohne Gegenleistung zu wollen?

Das kannst du dir schwer vorstellen, aber es gibt solche Menschen. Besonders ausgeprägt kannst du es in der mittelalterlichen Figur des Minnesängers sehen.

Die Minne selber geht auf das Anbeten einer holden Dame zurück. Doch die Minne ist weit mehr – die Liebe zu Gott, zu einer Sache, Tätigkeit oder allgemein der Natur, galt als Minne.

Wer diese Minne Gott oder einem Menschen entgegen brachte, galt als „liubi" Mensch. Im Lauf der Zeit entstand daraus der Begriff Liebe. Im Grunde ist Minne gleichbedeutend mit angenehm, erfreulich, liebenswert und verliebt.

Aufgrund dessen kann Liebe zu allem Möglichen vorhanden sein, sei es sein täglicher Job, die Natur oder zu einem anderen Menschen.

Ohne Chemie geht nichts!

Es muss die Chemie stimmen. Kommt dir das bekannt vor?Ein geflügeltes Wort, aber es stimmt.

Auch, wenn man sagt, die inneren Werte zählen, ist es

die Chemie und der erste
Eindruck, der vieles entscheiden. Für die
inneren Werte, muss man den anderen erst
kennenlernen.
Wichtig ist, vertrau deinen Instinkten. Geht es um die
Liebe scheinen sie zwar bisweilen außer Reichweite,
aber achte auf sie.

In dir steckt seit Langem das Bild deines, für dich
perfekten, Traumpartners. Dein Instinkt hilft dir ihn / sie
zu finden. Dazu gibt es Schlüsselreize, auf die du, wie
jeder andere, reagierst. Vieles entscheidet, wen wir
lieben. Zum Glück sind wir nicht alle in den gleichen
Typus Mensch verliebt.

Vieles stammt aus unserer Kindheit. Dort wird geprägt,
wen wir später haben wollen und begehren. Häufig
haben unsere Partner Ähnlichkeiten mit einem Elternteil.
Das lässt sich auf frühkindliche Prägung zurückführen.
Dort werden neuronale Bilder unserer Instinkte geformt
und hängen von unterschiedlichen Faktoren ab.

Dazu kommen Gerüche und Chemie, die über
Sympathie und Antipathie entscheiden. Stimmt die
Chemie, kann man sich gut riechen. Die Pheromone gibt
es bei Tier wie Mensch und geben unbewusst
Informationen weiter.

Zweifel

Weißt du, wie sich Liebe anfühlt?
Du denkst, du bist verliebt. Kannst du den Unterschied zwischen Liebe und Verliebtheit erkennen?
Im Lauf der Jahre lernst du dich selber besser kennen und kannst allmählich einschätzen, ob du dich verguckt hast oder zutiefst verliebt bist.
Wenn du es bei dir nicht weißt, wie willst du wissen, ob der andere deine Gefühle erwidert? Wie bekommst du mit, dass er / sie das Gleiche für dich fühlt?

Musst du ständig an deinen Schatz denken? Wartest du darauf Antworten oder Nachrichten zu bekommen? Du leidest, wenn nichts eintrudelt. Dein Herz spielt verrückt, du bekommst Schweißausbrüche und Herzrasen.

Und dir kommen erste Zweifel. Wird deine Liebe erwidert? Oder bist du deinem Schatz egal? Diese Unsicherheit quält dich bis ins Innerste.Wenn du nicht weißt, ob deine Liebe erwidert wird, ist es verständlich, dass du zweifelst.

Viele Möglichkeiten hast du nicht. Willst du Klarheit haben, kläre es ab. Finde es heraus. Noch bevor du von deinem Schatz eine Antwort forderst, ist es wichtig, dass du es mit dir abklärst, was du empfindest.

Ist es eine spontane Verliebtheit oder mehr?

Andere Menschen können zwar einfühlsam und intuitiv sein, aber sie können in den wenigsten Fällen in dir lesen wie in einem offenen Buch. Sie stehen vor einem Rätsel, das sie nicht zu lösen vermögen.

Tipp:
Bevor du dich jemandem an den Hals wirst, weil du glaubst, du bist verliebt - denke erst darüber nach. Danach handle!

Finde deine Wünsche

Wünsche, Begierden und Träume

Sei dir gegenüber ehrlich und sieh tief in dein Innerstes.
Was siehst du darin?
Bist du romantisch veranlagt oder eher nüchtern?
Bist du emotional stabil oder eher leicht aus der Fassung
zu kriegen?
Empfindest du, was andere leicht als "lasterhaft" oder
"unnatürlich" betrachten, weil sie nicht verstehen,
warum deine Vorstellungen von Liebe und Erotik nicht
dem 08/15 Schema entsprechen?

Gegen Schubladendenken ist keiner gefeit. Wie
tickst du? Neigst du leicht zum Schubladendenken?
Warum müssen wir uns und andere in Schubladen
stecken? Warum können wir nicht sagen, ich bin wie ich
bin und gut ist es?
Der Mensch tut sich schwer damit. Schubladendenken
hilft ihm, sein Leben leichter zu machen.

Liebe ist nicht gleich Liebe. Das Schubladendenken
empfiehlt Filme wie "Vom Winde verweht" oder "Sissi".
Sieh dir Vampirgeschichten an (manche sehen darin
Liebe und Romanzen). Filme wie "the Secretary", zeigen
eine Liebe, die für viele nicht nachvollziehbar ist.

Wie tief die wahre Liebe gehen kann, erkennst du daran, wie weit du bereit bist deinen Schatz zu respektieren und zu lieben wie er / sie ist.

Du musst die Vorlieben deines Schatzes nicht verstehen, aber respektiere sie. Sicher wird kurzfristig der Gedanken da sein, ihn / sie in eine Schublade zu stecken. Das brauchst du nicht. Du brauchst kein Schubladendenken, sondern Herz, Gefühl und den Willen sowie den Wunschdeinen Schatz zu lieben wie er/sie ist.

Ein Beispiel:

Kennst du die Serie "Secret Diary of a Call Girl" in der Billie Piper das Callgirl spielt? In einer Episode erfüllte sie einem Kunden die Bitte, ihn wie eine Domina zu behandeln. Sie bemühte sich, fragte eine Kollegin um Rat und bemühte sich nach Kräften der Bitte nachzukommen.

Natürlich kannst du einwenden, das ist eine Serie und sie wird für ihre Aufgabe bezahlt. Doch was machst du, wenn der Wunsch an dich herangetragen wird und die Bitte von deinem Schatz kommt?

Dein Schatz mag anders empfinden als du, hat Wünsche, die du nicht verstehst. Du kannst dich bemühen und versuchen sie wahr werden zu lassen. Würdest du sagen, das ist Liebe?

Manche Wünsche und Bedürfnisse bleiben verborgen, vor allem dem / der Liebsten gegenüber. Dennoch ist es gut, wenn ihr miteinander darüber sprecht. Redet über eure Wünsche und Bedürfnisse. Nehmt euch Zeit!

Du musst nicht alles verstehen, was dein Schatz will oder braucht. Liebe besagt, den anderen zu unterstützen und ihm / ihr zu helfen seine / ihre Träume leben zu können.

Tipp:
Könnt ihr eure Bedürfnisse nicht klar formulieren, tastet euch spielerisch heran. Nehmt ein Buch und markiert eine bestimmte Stelle, die euch gut gefällt. Ob das ein BDSM-Buch oder eine schnulzige Liebesgeschichte ist, das ist egal.

Gib es deinem Schatz zu lesen!

ACHTUNG!

Es ist wichtig einander vertrauen zu können. Je mehr ihr einander vertrauen könnt, umso mehr könnt ihr euch einander öffnen. Bitte, missbraucht dieses Vertrauen nicht. Es gibt viele, die sich dem anderen schwer öffnen. Wird dieses Vertrauen missbraucht, kann das Herz des / derjenigen daran zerbrechen.

Lach deinen Schatz nicht aus, egal wie abstrus dir seine / ihre Ideen erscheinen. Nimm diese Ehrlichkeit als Geschenk des Vertrauens an!

Trau dich mit deinem Schatz Neues auszuprobieren. Doch Achtung - es könnte dir gefallen.Gleiches solltest du von deinem Schatz erwarten können. Wenn du ehrlich bist, dein Herz öffnest, vertraust du!

Könnt ihr einander vertrauen, spürt ihr die Essenz einer guten Beziehung. Ohne Vertrauen ist es schwer eine gute Beziehung leben zu können.

Tipp:
Setzt euch zusammen und erzählt dem anderen kleine Wünsche, die ihr habt. Wechselt euch im Erfüllen ab! Ihr braucht keine Experten darin zu sein. Allein das Erkennen des Bemühens ist viel wert. Geht es nicht anders, holt euch Rat bei "Profis". Ob das ein guter Koch, ein Trainer oder ein belesener Nerd ist, wichtig ist, der / diejenige kennt sich aus und kann helfen.

Siehst du dich außerstande den Wunsch oder das Bedürfnis deines Schatzes zu erfüllen, sag das. Sei ehrlich - nicht verletzend!

Auf lange Sicht gesehen kann jede Beziehung davon profitieren. Sicher, ihr macht euch damit angreifbar und verletzlich. Trotzdem lohnt es sich!

Schönheitsideale

Die meisten (das Alter spielt keine Rolle) versuchen dem jeweils gängigen Schönheitsideal zu entsprechen. Dafür nehmen sie unglaubliche Torturen auf sich.
Gepflegt sein ist wichtig - keine Frage. Wieweit macht es Sinn Schönheitsidealen nachzueifern? Wo ist für dich die Grenze?

Denn eines sollte dir klar sein, wenn du deinen Schatz für dich begeistern willst - willst du, dass er dich oder deine Hülle liebt?
Schönheit liegt im Auge des Betrachters. Was als schön gilt, veränderte sich im Lauf der Zeit, wobei der weibliche Körper mehr Veränderungen durchmachte als der männliche.

Allgemein

In vielen Kulturen gelten und galten weibliche Rundungen, nicht die Hungerhaken aus den heutigen Modelshows, als schön. Der Hintergrund besagt, breite Hüften sind besser geeignet für Nachwuchs.

Frag 100 x-beliebige Männer auf der Straße - viele schätzen eher weibliche Rundungen. Selbst krankhaft dicke Frauen haben in manchen Ländern viele Verehrer.

Schlank gilt nicht überall als schön!
Geschichtlich betrachtet hat das mit dem Angebot an Nahrungsmitteln zu tun. Ist die Frau dick, hat die Familie viel Geld - Fett als Statussymbol zusagen.
Gibt es Essen im Überfluss, ist es umgekehrt der Fall.

Betrachte Schönheitsideale im zeitlichen, wirtschaftlichen und gesellschaftlichen Kontext. Anhand dessen kannst du viel herauslesen.

Ein kleiner Streifzug durch die Zeit.

Frühgeschichte
Venus von Willendorf - mehr auf den Rippen galt als schöner

Antike
weder dünn noch dick - wer zu fett war, galt als
Weichling

Venus von Milo und Statuen in den Museen zeigen -
Frauen hatten kleine, festere Brüste und kräftige Becken
- bei Männern war athletisch angesagt.

Mittelalter
mädchenhaft schlank mit kleiner fester Oberweite und
schmalen Hüften galt als chic.

Optisch gefielen Frauen mit hellen, blonden Locken,
blauen Augen, weißer Haut und rosa Wangen.

Um das 15. Jahrhundert
die Stirn sollte hoch sei, der Haaransatz wurde gerupft
um das zu erreichen

Renaissance
wohlbeleibt, starke Hüften und üppiger Busen waren der
Traum.
Ein leichtes Doppelkinn und blondgoldene Haare galten
als schön

Barock
Rubensfigur

<u>ab ca. 1650</u>
das Korsett hielt Einzug

Mann und Frau betrieben einen wahren Schönheitskult
mit unglaublich viel Aufwand - dicke Puderschichten und
Perücken waren en vogue

<u>19. Jahrhundert</u>
Kleidung wurde wieder bequemer, doch das Korsett
blieb
zu viel Make-Up galt als unmoralisch - Frisuren hingegen
brauchten viel Zeit.

<u>Bürgerliche Epoche</u>
schöne Frauen wirkten zerbrechlich und verfügten über
noble Blässe, machten Diäten mit Essig und Zitrone.
Gleichzeitig wurde Körperfülle als Wohlstand- und
Respektabilität geschätzt

Männer begannen sich einheitlicher in graue Anzüge zu
kleiden, der modebewusste Mann galt als verweichlicht

<u>Ende 19. Jahrhundert</u>
Puritanische Leistungsethik sorgte für eine Veränderung.
Schlank sein galt als Tätigkeitsbeweis, fette Menschen
galten als faul und träge.

20. Jahrhundert

das Korsett verschwand, die Jugendbewegung förderte
schlanke, sportliche Körper
der Teint durfte bräunlicher, natürlicher werden

um 1920

Natürlichkeit war Trumpf
Parallel galt ein zweites Ideal mit flachem Busen,
blassem Teint, kurzen Haaren und schwarz umrandeten
Augen für Frauen

um 1935

blond und blauäugig, athletisch gestählt
Fraulichkeit galt als Plus - weibliche Rundungen waren
erwünscht

ab 1945

Vollschlanke konnten sich vieles leisten - rundlich war
beliebt

Anschließend begannen sich Schönheitsideale schneller
zu verändern. Ob hager, knochig, sportlich oder
Bodybuilding - alles war ein Spiegelbild der Zeit.
Heute haben wir den Nachteil - wer nicht dem aktuellen
Ideal entspricht, wird leicht ausgegrenzt, diskriminiert
und verspottet. Das ist nicht schön, aber Tatsache.
Gleichzeitig finden viele diese ganzen Schönheitsideale

nicht gut. Diese Menschen wünschen sich eher einen wirkenden Partner

Perfekt nach solchen Maßstäben wirst du nicht sein. Sei lieber wie du bist, streiche deine Vorzüge heraus und zeig den anderen, dass in dir eine lebenswerte Persönlichkeit liegt.

Schönheit liegt im Auge des Betrachters

Kennst du die aktuellen Schönheitsideale? Eiferst du ihnen nach? Hoffst du, wenn du dem aktuellen Ideal entsprichst, dir den Partner fürs Leben angeln zu können?

Jede Zeit hat ihre eigenen Schönheiten und Mittel, um schön zu werden und es zu bleiben. Oft genug kamen gesundheitsschädliche Methoden zum Tragen um gewünschte Effekte hervor zu rufen.

Stell dir eine Frage:
Willst du einen Partner, der dich um deiner selbst willen liebt oder weil er das liebt, was du ihm zeigst, indem du einem Schönheitsideal nachjagst?

Sieh dir an, wie viele Models und Schönheiten Single sind, während Durchschnittstypen verliebt, verheiratet oder anderweitig liiert sind. Diese "Schönen" sind viel unterwegs, aber es gibt selten jemanden, der zu Hause auf sie wartet. Mit Schuld daran trägt der Gedanke, diese Person sei zickig oder liiert, oder du als Durchschnittstyp hättest ohnehin keine Chance. Dabei träumen diese Frauen und Männer ebenso wie du von Liebe. Trau dich, sprich sie / ihn einfach an.

Wir leben in seltsamen Zeiten. Menschen sind mit sich selber nicht im Reinen, weil sie nicht wie "geklont" aussehen, um einem Schönheitsideal zu entsprechen. Essstörungen nehmen zu, das trifft Frauen und Männer gleichermaßen. Es werden Schönheitsideale stilisiert.

Die eigentliche Schönheit, die jemand hat, wird leicht vergessen. Schön ist, wenn beim Lachen die Augen mit lachen, oder wenn das Alter leichte Falten aufs Gesicht zaubert, Natürlichkeit, wenn sie unterstrichen und gut gepflegt wird oder wenn die Augen strahlen. Was findest du schön?

Natürlich mag es Spaß machen sich in den Schminktiegel zu werfen, oder hohe Stöckelschuhe anzuziehen. Doch beantworte dir die Frage, bist das du oder ist es jemand, der du sein willst, um dich dem Mainstream zu unterwerfen?

Findest du dich schön oder glaubst du, dass andere dich als hässlich empfinden?

Du brauchst keine 90-60-90 aufweisen oder einem Model gleichen, um dich in deiner Haut wohlfühlen. Wenn du hier, oder da ein paar Pölsterchen mehr hast, das bist du und nicht jemand der mit Photoshop oder anderen Grafikprogrammen bearbeitet wurde.

Stell dir die Frage:
Was ist toll an denen, die alles richten lassen? Wozu brauchst du Höschen und BH mit Push-Up Effekt? Warum musst du dich verkleiden? Herrichten und stylen ist eine Sache, aber sich verändern eine andere.

Willst du, dass dein Schatz dich deiner Optik willen liebt oder weil du, du selbst bist?

Was möchtest du sein für deinen Schatz?

Was erwartest du von deinem Schatz?

Verliebt sein ist großartig, wunderbar, eine Hymne ans Universum – und gleichzeitig unglaublich schwierig. Häufig liegt das Problem darin, dass man selber nicht weiß, was einem wichtig ist, oder was man will.

Stell dir vor, du verliebst dich und diese Person fragt dich: "Was willst du von mir? Wie soll ich für dich sein?"

Könntest du diese Frage(n) beantworten? Wären Liebe, Treue, Humor, Hingabe und Ähnliches deine Antwort?

Bevor du ihm / ihr sagst, was du empfindest, ist es sinnvoll dich erst hinzusetzen und darüber nachzudenken, was dir wichtig ist.

Geht es dir um die "große, ewige Liebe"? Möchtest du eine Romanze oder lieber einen Flirt mit offenem Ausgang?Du wirst älter werden, deine Wünsche werden sich im Lauf der Zeit verändern. Frag dich, was willst du jetzt, in diesem Augenblick?

<u>"Was willst du?"</u>

Es geht nicht um die alltäglichen Wünsche von wegen kaufen oder Urlaub machen. Die Frage ist an dein Herz gerichtet. Was wünschst du dir tief in dir drinnen? Kennst du dich selber gut genug, dass du das beantworten kannst?

Es gab einst einen Ausspruch von Aleister Crowley, der das gut trifft. (Wie man zu dem Mann steht ist zweitrangig).

"Tu, was du willst, sei das einzige Gesetz."

Die einen nehmen das als Freifahrtschein um Gesetze zu umgehen oder sich alles Mögliche herauszunehmen – er meinte damit: "Was willst du im Herzen?"

Oberflächlich betrachtet hat jeder viele Wünsche. Allerdings gibt es da noch ein oder zwei Wünsche, die einem alles bedeuten – und die versuch zu ergründen, bevor du von deinem Schatz erwartest, dass er dir das beantworten kann, womit du dir selber schwer tust.

Es spart viel Leid!

geprägt von der Vergangenheit

Kein Mensch ist ein unbeschriebenes Blatt. Du nimmst deinen Schatz in dein Herz auf. Gleichzeitig brauchst du Platz für seine / ihre Vergangenheit. Das können wunderbare oder grausame Sachen sein, das geht hin bis zu schweren Problemen der Psyche.

Es gibt zwei Bereiche, die prägend sind, wenn es um eine Beziehung geht.

Prägende Kindheit

Erst stellt sich die Frage, wie wurde die Kindheit erlebt? War sie leicht oder schwer? Entwickelte sich eher Urvertrauen oder Misstrauen?

Hier kommt es auf die Eltern sowie die Erwachsenen im näheren Umfeld an. Nicht jedes Kind wuchs bei einem Elternpaar auf. Viele lebten in Heimen oder verloren ihre geliebten Menschen früh. Die Kindheit prägt deinen Schatz. Oft weist du nicht, warum er sich auf eine bestimmte Art und Weise verhält. Möglicherweise liegt es an seiner Kindheit.

Fühlt sich dein Schatz von bedingungsloser Liebe deinerseits überfordert, kann es sein, dass er / sie sich Zuneigung in der Kindheit hart erarbeiten musste. Da kommen bisweilen Gedanken wie "dieses Glück verdiene ich nicht!"

Bei anderen kann ein gewisses "Prinzessinnen/Prinz" Verhalten darauf zurück zu führen sein. War dein Schatz ein Wunschkind?

Auch die Anzahl der Geschwister oder ein Aufwachsen als Einzelkind sind prägend.Verhält sich dein Schatz seltsam, frag ihn / sie nach der Kindheit. Viele Rätsel finden darin ihre Lösung.

Prägende Ex-Partnerschaften

Die erste Liebesbeziehung im Leben ist stark prägend. Vieles kann davon und von den nachfolgenden Ex-Beziehungen in eure jetzige Beziehung mitschwingen. Du bekommst im Regelfall einen Menschen "mit Gepäck".
Menschen verändern und beeinflussen einander. War dein Schatz mit jemandem zusammen, der ihn / sie ständig betrog wird er dir gegenüber Probleme haben dir zu vertrauen. Waren da Kinder im Spiel kann sich das auf eureKinderplanung auswirken. Gleiches gilt für alles andere, ob Finanzen, Familie oder Freundeskreis, Jobwahl oder Kredite, vieles liegt in vergangenen Beziehungen begründet.

Hilf deinem Schatz nach Kräften. Du bist jetzt Teil seines / ihres Lebens.Zeig deinem Schatz, dass du da bist und beim Verarbeiten helfen willst. Hilf deinem Schatz, dass er diese alten Schatten los lassen kann, dass er / sie Vertrauen fassen kann.

Doch dränge deinen Schatz nicht! Bei vielen Paaren hat Drängen zum Ende der Beziehung geführt, weil diese Person sich eingeengt und erdrückt fühlte, obwohl er / sie Hilfe angeboten bekommen hatte.

Tipp:
Setze auf die Zeit. Bekanntermaßen heilt sie Wunden. Wenn dir Hilfe angeboten wird, gilt das Gleiche!

Der Anfang einer möglichen Beziehung

Das erste Treffen

Du hast ein "Blind Date", mit jemandem, den du über Chat oder eine Singlebörse kennengelernt hast. Ihr habt miteinander telefoniert und euch viele Nachrichten geschickt. Jetzt steht das erste Treffen an.

Nimm an, du hättest dich in Schale geworfen, dich hübsch gemacht für den Menschen, den du treffen willst. Ihr habt euch einen Termin und ein Lokal ausgemacht. Du hast deinen ganzen Mut zusammengenommen. Trotzdem schlägt dir das Herz bis zum Hals. Es pocht und hämmert – du schwitzt und bist nervös.

Generell gilt, wählt für euer erstes Treffen einen neutralen Ort, von dem du rasch verschwinden kannst. Ist dir die Person nicht aus deinem Umfeld bekannt, trefft euch erst in einem Lokal. Vermeide ein erstes Treffen in einer eurer Wohnungen.

Das dient euch beiden als einfache Schutzmaßnahme.

Ihr habt euch über Monate unterhalten, aber es garantiert nicht, dass ihr euch versteht. Ein gewisses Risiko besteht.Was kann (abgesehen von KO Tropfen) passieren?

Du wartest vergebens.

Entweder hat der / die andere vergessen oder Panik bekommen. Möglicherweise wurdest du veräppelt oder die Person war nicht an einem realen Treffen interessiert.

Tipp:

Nicht ärgern. Du kannst noch einen netten Abend / Tag haben. Siehst du in deiner Nähe einen ansprechenden, offensichtlichen Single, warte nicht, sondern geh und sprich die Person an.

Ihr könnt euch auf Anhieb nicht riechen.

Das kommt vor. Das merkst du, wenn eure Gespräche regelmäßig aufs Wetter zurückkommen. (Außer ihr seid beide Wetterfrösche.

Tipp:

Wenn ihr merkt, da geht nichts, sprich es an – und beendet euer Treffen. Habt ihr euch jetzt nichts zu sagen, wird das später nicht besser werden.

Ihr wollt einander, Jetzt und auf der Stelle.

Wenn ihr euch beide seid, denkt über einen Locationwechsel nach. Doch hör auf deinen Bauch. Wenn alles passt, habt Spaß.

Tipp:
Erwarte dir nicht zu viel. Wird die wahre Liebe daraus, umso besser.

Das sind drei gängige Möglichkeiten, die bei einem ersten Treffen vorkommen können. Variationen davon gibt es viele. Wichtig ist, hör auf deinen Bauch. Dein Gesprächspartner beim Chat oder über diverse Börsen mag nett und interessant sein, was bringt es, wenn ihr euch nicht ausstehen könnt?

Tipps für Personen, die mehr als die klassische "Blümchenbeziehung" suchen.

Filmen ala "Geschichte der O" oder "The Secretary" zeigen schöne Bilder, tolle Geschichten, aber die Realität ist anders.Hier gilt es, weitaus mehr an Vorsicht walten zu lassen.

- Hör auf deinen Bauch!
- Hör auf deine Intuition!

- Achte auf dein Gefühl!

Kommt dir die Situation oder dein Gegenüber seltsam oder schummrig vor, sei auf der Hut – ohne Vertrauen geht im Regelfall hier nichts.

Tipp:
Vermutest du, dein Gegenüber sei psychopathisch veranlagt – sei vorsichtig.Triff dich nicht allein mit dem / derjenigen.Hab jemanden in der Nähe, der dich notfalls rausholen kann.

Wenn ihr BDSM betreiben wollt – besteh auf ein Safewort. Bist du Neuling in dieser Materie, lies dich erst ein, damit du weißt, worauf du dich einlässt. (Fach)Literatur gibt es ausreichend, die Definitionen gehen teilweise weit auseinander.

Tipp:
Achte generell auf Wortwahl und die Art wie sich dein Gegenüber benimmt und gibt. Existiert ein großer Unterschied zu den vorherigen Unterhaltungen und schrillen bei dir die Alarmglocken, lass lieber die Finger von der Person. Stimmt die Chemie, sagt dir dein Bauch "alles in Ordnung", lohnt sich ein weiteres Treffen. Diese Entscheidung wird dir keiner abnehmen.

wie kleide ich mich zu einem Date?

Das Herz pocht, der Magen verkrampft sich, du bist ohnehin nervös genug und sollst dir jetzt noch Gedanken über deine Optik und dein Outfit machen?

Generell gilt, kleide dich gut, putz dich nicht heraus wie einen Gockel!
Kleidung macht viel aus. Es ist wie bei einem Vorstellungsgespräch für einen Job. Wie du dort aufkreuzt, kommt auf die Firma an und wie der dort übliche Stil ist. Achte darauf, wo dein Schatz verkehrt. Nicht überall sind Cocktailkleider und Anzüge passend. Richtig liegst du, wenn du dich gut kleidest. Herrichten wie ein Pfau muss nicht sein!

Für Männer

- verzichte auf den Touristenlook mit weißen Socken in Sandalen – das ist ein massiver Abturner
- Schmuck sollte dezent sein, Goldkettchen sind ok, dicke Klunker nicht
- Hosenträger können passen – wenn der Rest stimmt und sie dir stehen, ansonsten, Finger weg

- Anzüge – viele Frauen mögen sie, verpflichtend sind sie nur, wenn ihr in Lokale mit "Krawattenzwang" geht
- Jeans – gerne und passen überall, sofern sie sauber und gepflegt sind,
- Uniformen – es kommt darauf an welche – beispielsweise sehen Ausgehuniformen von Soldaten zwar chic aus, bei einer Pazifistin bist du damit definitiv unten durch. Generell mögen Frauen Uniformen, aber nicht jede Art!

Für Frauen

- Cocktailkleider passen fast immer – das kleine Schwarze ist dezent und chic und mit Akzenten und Accessoires lassen sie sich leicht aufpeppen
- Jogginganzüge – weg damit, bequem sind sie, aber für ein erstes Date unbrauchbar
- Uniformen – es kommt auf die Art der Uniform an
- für ganz edle Lokale darf es übrigens durchaus Businessoutfit sein

Die Farbwahl

Generell passt schwarz gut. Es wirkt dezent, intelligent und selbstbewusst. Zusätzlich ist schwarz hervorragend

für verschiedenste Sorten Accessoires geeignet.
Rot kann leicht als arrogant rüberkommen und pink lässt
dich leicht als "dummes Mädchen" wirken.
Wähle eine Farbe, die du zu Vorstellungsgesprächen
tragen würdest.

Im Übrigen gilt für beide Geschlechter, dezent mit
Parfum, Deos und Schminke umzugehen – der Spruch
"man kann sich nicht riechen" hat einen guten Grund.
Etwas, das manch einer gern vergisst (das muss man
echt sagen) Körperpflege ist ein absolutes Muss!

Körpersprache – verliebte Männer

Wenn du dir nicht sicher bist, wie merkst du, ob
Interesse vorhanden ist?

Verliebte Männer und Pfaue sind sich teilweise
erstaunlich ähnlich. Sie sind leichter zu "lesen" als
Frauen, sagen häufiger direkt und unverblümt, was sie
wollen als Frauen das tun.

Natürlich kann das enttäuschend sein, wenn sie einem
direkt ins Gesicht sagen, wonach ihnen ist. (Vor allem,
wenn du dir Hoffnungen gemacht hast).

Gerade Frauen sind es nicht gewohnt eine Abfuhr zu bekommen. Dann folgen Tränen, das Heulen ist groß - viel ändern kannst du jetzt nicht mehr.

Interesse zeigen

Offensichtliches Interesse zeigen Männer, wenn Berührungen an der Tagesordnung sind. Diese können dezent oder direkt sein, das ist von Mann zu Mann unterschiedlich. Dennoch sind sie da.Je häufiger die Berührungen erfolgen, umso größer ist das Interesse.

Achte darauf, ob er seine Hand auf deinen Rücken legt, diesen entlang streicht, die Schulter berührt. Diese Zonen sind bei verliebten Männern beliebt. Es scheint, als wären Schultern und Rücken noch neutral genug, um gegebenenfalls einen Rückzieher machen zu können.

Lächeln

Verliebte Männer lächeln anders. Wann hast du dir zuletzt Clowns angesehen? Manchmal fühlt sich deren Lächeln falsch an. Die Augen lächeln nicht mit. Verliebte Männer lächeln mit Mund UND Augen. Dabei fangen diese an zu glänzen an und wollen nicht mehr aufzuhören.
Du merkst es, wenn er dich anstarrt und nicht mehr

wegsieht. Immer, wenn er dich anblickt, sieht er das, was er am meisten will.
Achte beim Lächeln auf seine Augen.

Herrichten und Imponieren

Verliebte Männer wirken wie Gockel. Sie wollen beeindrucken und sich von der besten Seite zeigen. Wollen Männer ausgehen, richten sie sich anders her, als wenn sie sich für jemanden Bestimmten aufbrezeln. In diesem Fall will er gefallen und imponieren. Verliebte Männer, die sich wie ein Gockel verhalten, müssen das nicht bemerken.

Durchs Haar oder über die Glatze fahren

Befindet er sich in deiner Nähe, fährt er ständig durch sein Haar oder über seine Glatze, stehen die Zeichen gut, dass er sich mehr als reine Freundschaft von dir wünscht. Je öfters er das tut, umso mehr. Innerlich ist er nervös und aufgewühlt. Die einzige Frage, die dahinter steckt - "Werde ich gefallen?"

Die Augen

Achte darauf, ob dein Schatz dir ins Gesicht und direkt in die Augen sieht. Weicht er dir aus und ist in dich verliebt,

sieht er aus den Augenwinkeln zu dir. Schüchternheit ändert maximal die Art, WIE er dich ansieht.
Was ihm gefällt, will er die ganze Zeit ansehen.

Ist der Blick tief und ehrlich, zeigt das von gesundem Selbstbewusstsein und deutet auf einen ehrlicheren Charakter hin. Ist er schüchtern, ist das kein Drama. Schüchterne Männer tendieren eher zu Gesten als direkt sein.

Gehobene Augenbrauen

Das deutet Interesse an.

Breitbeinig sitzen

Meins, meins, meins – mein Revier scheinen verliebte Männer zu denken und zu fühlen. Sitzen sie breitbeinig da, signalisieren sie vor allem Offenheit (dir gegenüber) und markieren ihr Revier.

Distanz verringern

Je näher bei dir, umso verliebter. Der Arm liegt schnell um dich geschlungen (mal ehrlich, sagt das genug aus?)

Körpersprache – verliebte Frauen

Wenn du dir nicht sicher bist, wie merkst du, ob Interesse vorhanden ist?

Verliebte Frauen sind komplizierter zu lesen als verliebte Männer. Das liegt in der Vergangenheit begründet, als Frauen vorsichtig damit umgehen, mussten ihre Gefühle zu offenbaren. Männer konnten offen um die Frau werben, umgekehrt war das weitaus seltener der Fall. Wenn du dir unsicher bist, achte auf ihre Körpersprache. Selbst, wenn sie anderes sagt, Worte flunkern, der Körper nicht. Sei bei Frauen vorsichtig, verliebte Frauen wissen bisweilen selber nicht, was sie wollen.

mit dem Haar spielen

Haare gelten als schöner Schmuck der Frau, wurden in manchen Zeiten direkt nach der Eheschließung verborgen. Sie kam "unter die Haube". In manchen Kulturen dürfen heutzutage Fremde das Haar der Frau nicht zu Gesicht bekommen.

Für die meisten Frauen sind ihre Haare wichtig. (Denk dran, wie toll gestyltes Haar ein unscheinbares Mauerblümchen zu einer Schönheit werden lassen kann.)

Wenn sie mit ihrem Haar spielt, während sie sich
mit dir unterhält, hast du gute Chancen. Damit weißt sie
auf ihre Weiblichkeit und Schönheit hin.
Fährt sie sich bei der Unterhaltung über die Schenkel,
streichelt sie sich selber am Arm oder hält sie sich im
Nacken, sind das weitere gute Anzeichen.

auf deinen Mund schauen

Starrt sie deinen Mund gedankenverloren an, ist das ein
gutes Anzeichen fürs Verliebt sein - Die Frage dahinter -
"Wie schmeckt dein Mund"?

gespreizte Beine

Sind ihre Beine leicht gespreizt, öffnet sie
sich dir gegenüber, wird zugänglicher.
Sind sie überkreuzt, ist da eher der Wunsch nach
Distanz (Ausnahme - wenn sie mit dem Fuß wippt.)

mustert sie dich eingehend?

Je mehr sie dich mustert, umso besser sind deine
Chancen bei ihr. Eine Frau, die einen Mann
mustert könnte leicht in Sherlock Holmes Fußstapfen
treten.

sucht sie deine Nähe?

Je wichtiger du ihr bist, umso größer ist der Wunsch nach Nähe. Das kann sich in Form von Besuchen, SMS oder Mails äußern. Wenn sie bei dir ist, ist ihre Laune heiter, sie lacht gern und viel - was leicht übertrieben wirken kann. Dafür kann sie nichts - sie ist glücklich bei dir zu sein und zeigt dir das auf diesem Weg.

Lächeln

Ist sie schüchtern, sieht sie rasch weg, sobald dein Blick auf sie fällt. Trotzdem lächelt sie.
Ist sie selbstbewusst, strahlt sie dich direkt an und lächelt weiter.
In deiner Nähe lacht sie gern und viel. Dabei ist es egal wie schlecht deine Witze sein mögen, sie lacht - um dir zu gefallen, weil du ihr wichtig bist.

Berührungen

Fährt sie deinen Rücken hinunter, hält deine Hand sind das Anzeichen, dass sie dich mag. Generell halten Frauen gern mit ihrem Schatz Händchen. Das mag auf frühere Zeiten zurückzuführen sein, als mehr Körperkontakt in der Öffentlichkeit eher nicht unerwünscht war.

Das meiste davon passiert unbewusst.

Anmerkung:

Frauen sind zwar komplizierter zu "lesen". Unmöglich ist es nicht. Geh nach den Anzeichen -

sie zeigen dir zumindest Fall eine Tendenz.

Sind Frauen in Frauen verliebt, ist es für sie leichter -

sie kennen alles von sich selber.

Statussymbole

Viele sind auf der Suche nach einem Partner, der ihn / sie wirtschaftlich abzusichern in der Lage ist.

Aus evolutionärer Sicht verständlich. Gerade Frauen wurde das über viele Generationen hinweg beigebracht, dass ein Mann mit Geld wichtiger ist als die Liebe. Leider ist dieses Denken noch stark in vielen Menschen drin. Statussymbole können ein erster Hinweis auf Geld sein.

Was wird als Statussymbol definiert?

Ist es eher Zeit oder Materielles?

Wir leben heute in seltsamen Zeiten. Einerseits heißt es, gerade die Jungen legen mehr Wert auf Immaterielles.

Gleichzeitig ist ein Konservatismus da, der nicht unterschätzt werden sollte.

Ein Heim aufzubauen, ein Nest, in dem " und aus dem sie ausfliegen, wenn sie flügge werden, liegt tief in den Genen.

Sieh dich in deinem Umfeld um. Beobachte die Menschen. Wie viele findest du, die Statussymbole haben? Besonders gilt das diversen Marken und Designersachen.

Die gute alte Rolex dient mehr zum Anzeigen des damit verbundenen Namens statt der Zeit.

Smartphones und andere Handys hat heute jeder, die sind nicht mehr geeignet um seinen Status zu signalisieren.

Beim Auto scheinen sich die Geister zu scheiden. Früher waren sie wichtig wegen der Unabhängigkeit. Heute schwingt sich mancher gern auf ein teures Fahrrad. Das tut zumindest der Gesundheit gut, wenn die Räder nicht angekettet stehen bleiben.

Bewundernswert sind die Jungen, die noch ein eigenes Heim wollen - und sich in Schulden stürzen. Ein eigenes

Zuhause ist alles andere als billig. Dafür bietet es die Unabhängigkeit von den Eltern. Was wäre dir wichtiger? Jemand der noch im Hotel Mama wohnt oder über eine eigene Bleibe verfügt?

Was ist dir wichtiger? Versuch dir selber gegenüber ehrlich zu sein. Bist du unabhängig genug um deinen Schatz nicht als Geldbörse auf zwei Beinen zu sehen? Wenn du Wert auf einen vermögenden Partner legst, warum?

Willst du Sicherheit für unsichere Zeiten? Wünschst du dir Absicherung für Kinder?
Oder geht es dir darum, dass du ein ruhiges Leben führen kannst?
Wenn es dir wichtig ist, was bietest du?

Eine Beziehung besteht aus Geben und Nehmen. Natürlich ist es angenehmer einen Partner an seiner Seite zu haben, der notfalls eine ganze Familie erhalten kann.
Zeig deinem Schatz was er / sie dir bedeuten würde, wenn er / sie kein Geld. Wer weiß, kann sein, dass du Großartiges dafür bekommst.

Die Zeit des Werbens

In dieser Zeit wirbst du um deinen Schatz.Nehmt euch diese Zeit, sie ist zauberhaft. Ihr kennt euch noch nicht gut, es gibt viel zu entdecken. Kleine Flunkereien sind in zwar Ordnung – (sofern sie zärtlich gemeint oder zum eigenen Schutz sind). Flunkereien – nicht lügen!

Jetzt erprobt ihr wie das Gleichgewicht zwischen Unabhängigkeit und Geborgenheit bei euch funktioniert. Ihr beginnt eine Mauer zu errichten, die eure gemeinsame Intimität gegen das Eindringen von außen schützt. Ihr seid verletzlich, obwohl ihr euch stark fühlt – wenn ihr gemeinsam seid.

Wie könnt ihr eure Beziehung dahin bringen, dass sie lange besteht?

Hört einander zu! Redet miteinander!Liebe ist (wie vieles andere im Leben) Kommunikation. Ob durch Worte oder Körpersprache ist hierbei einerlei.

Bist du dir unsicher, ob deine Gefühle erwidert werden?

Achte auf Anzeichen!

- Wird der Kontakt erwidert? Wechselt ihr euch ab, kommt von deinem Schatz nichts zurück?
- Werden Vereinbarungen eingehalten?
- Nimmt sich dein Schatz Zeit? Oder gibt es regelmäßig Ausflüchte?
- Gibt es einen Ausgleich zwischen Geben und Nehmen?
- Was sagt der Blick aus? Weicht dein Schatz dir ständig aus?
- Was sagt die Körpersprache?
- Schätzt dein Schatz deine Berührungen? Wird es gewünscht?
- Lächelt dein Schatz wenn er/sie dich sieht?
- Wirst du hergezeigt?
- Schmiedet ihr gemeinsame Pläne?
- Merkst du, ob der andere an dich denkt?
- Wird dein Interesse angenommen?

Achte darauf, wie dein Schatz tickt.

Wenn die Initiative regelmäßig von dir ausgeht, der / die andere dir ständig ausweicht, ist es ein Anzeichen von Desinteresse. (Außer, dein Schatz hat dafür einen wirklich guten Grund!)

wie beeindrucke ich meinen Schatz?

Wer verliebt ist, wünscht sich, dass der / die Angebetete ihn / sie wahrnimmt. Es ist ein eigenartiger Zustand, in der sich jeder in Schale wirft und herrichtet.

Es macht Spaß sich für den anderen hübsch und adrett anzuziehen, zu stylen und hoffentlich ein "du bist schön" oder "du siehst gut aus" zu hören.
Doch machen wir uns nichts vor, die Optik ist nicht alles. Um deinen Schatz zu beeindrucken brauchst du mehr als das Auftreten eines Pfaus.

Im Grund genommen sind wir alle Menschen, die geliebt und beachtet werden wollen. Männer sind keine Spur besser als Frauen, manche Männer sind schlimmer als Frauen.

Du musst selber kein Supermodel sein, aussehen wie ein Superstar oder dem gerade aktuellen Schönheitsideal entsprechen. Doch um eines kommen die meisten von uns nicht herum – den ersten Eindruck.

Willst du den anderen umhauen und interessant sein, gib ihm / ihr das Gefühl einzigartig zu sein. Achte darauf nicht zu übertreiben. Das kann leicht in einer peinlichen Farce enden.

Komplimente

Mach deinem Schatz einzigartige Komplimente. Das funktioniert bei Männern wie bei Frauen.

Gib deinem Schatz von Anfang an das Gefühl Besonderes für dich zu sein – kein anderer hat zwischen euch Platz. Gerade für Frauen ist es wichtig zu erkennen, dass sie die einzig Wahre für dich ist. Es gibt keine andere neben ihr!

Mach ihr über ihre einzigartigen Eigenschaften ehrlich gemeinte Komplimente. Doch verschrecke sie nicht. Hat sie schöne Sommersprossen oder bringt dich zum Lachen? Sag ihr das!

Ist sie hervorragend in einem Sport, den sie gerne ausübt? Sag es ihr!

Schöne Augen haben viele, ein süßes Lächeln ebenfalls. Das bringt viele dazu ihre Augen zu verdrehen und zu seufzen. Es langweilt! Komplimente, die auf die jeweilige Person zugeschnitten sind erfrischend und erfreuen das Herz.

Das gilt ebenfalls bei Männern!

Tipp:

Frauen legen im Normalfall viel Wert darauf wunderschön und großartig zu sein. Man denke an die ganzen Diäten, die Frauen (und Männer) machen, um einem gewissen Ideal zu entsprechen – um beim anderen Erfolg zu haben. Du kannst das ruhig ansprechen, dezent und ehrlich, bitte nicht übertreiben, wie es manche so gern machen. Gehst du gleich in die Vollen, rechne damit, dass du als unehrlich und schleimerisch abgetan wirst.

Konzentrier dich auch auf Komplimente zu ihrem (seinem) Verstand und Intellekt. Frauen schätzen das!

Tipp:

Bring bei den ersten Unterhaltungen und Treffen ruhig kleinere Komplimente an. Achte darauf, dass sie als Individuum geschätzt wird und nicht als eine weiter "Kerbe" in der Liste deiner Eroberungen da steht.

Tipp:

Geh auf ihren Charakter ein. Verzichte auf die oberflächlichen Komplimente.

Stell Fragen, interessiere dich für sie als Person

Wer redet nicht gern über sich?
Allein die Einträge auf Facebook und Co sprechen eine

eindeutige Sprache.

Gibst du deinem Gegenüber das Gefühl Besonderes zu sein und zeigst ehrliches Interesse, .stell ihr ruhig Fragen zu ihren Interessen. Vor allem, wenn du mehr möchtest, als sie für eine Nacht zu haben. Doch achte darauf, dass es nicht aufdringlich wirkt und dein Gegenüber nicht das Gefühl hat in einem Verhör zu sitzen.

Vorschläge an Themen wären:

enge Freunde, Haustiere, Geschwister, was liest oder sieht dein Schatz gern, welche Hobbys hat sie, was interessiert sie?

Nach der Meinung fragen

Gibst du deinem Gegenüber das Gefühl interessant zu sein, frag nach der Meinung. Damit signalisierst du, dass der / die andere mehr für dich ist als eine weiterer weiter Kerbe in seiner / ihrer Sammlung.

Frag ruhig, ob ihr / ihm das oder jenes gefällt, wenn ihr an Geschäften vorbei geht, wie der neue Film gefallen hat oder was gern gegessen wird. Doch halte dich (anfangs) von heiklen Themen wie Politik fern.

Gib deinem Gegenüber das Gefühl dir wichtig zu sein.

Themenvorschläge

- Lass deinen Schatz den Film im Kino aussuchen und frag nachher nach der Meinung.
- Holst du sie / ihn im Auto ab, lass deinen Schatz die Musik aussuchen.
- Gleiches gilt für gemeinsame Aktivitäten.

Hör deinem Schatz zu!

Sag nicht aha oder ok, wenn dein Schatz erzählt. Höre auf die Details, wenn über Freunde, Hobby und Co gesprochen wird. Sicher, nicht alles, was erzählt wird, packt und fesselt dich. Vieles wird zum tausendsten Mal hervorgeholt und erneut besprochen werden. Doch das ist egal!

Wenn dein Schatz das tut, ist es ihm / ihr wichtig. Also höre zu und versuche zumindest nicht zu gelangweilt zu wirken. Jeder ist froh, wenn er / sie merkt, der andere hat zugehört. Denk an Themen, die dir wichtig sind und über die du mit deinem Schatz sprechen willst. Zuhören hat den Vorteil, du tust dir um einiges leichter bei der Auswahl an Geschenken.

Wenn es nicht geht, weil eure Interessen abgrundtief verschieden sind, kann das auf Dauer einer Beziehung den Todesstoß versetzen.

Tipp:
Es ist, egal ob dein Schatz weiblich oder männlich ist - darin sind sich die Geschlechter gleich! Lerne zuhören - hört dein Schatz dir zu!

Wie soll ich meine Gefühle gestehen?

Wie hat es sich angefühlt richtig verliebt zu sein?

Ging es dir wie all den anderen vor dir, dass du deine Gefühle formulieren konntest?
Verliebt sein ist wunderschön, zugleich eine Katastrophe, weil sie einem die Worte vertreibt. Der Verstand setzt aus, das Herz übernimmt.
Doch wie sollst du in Worte fassen, was du empfindest?
Fakt ist, das ist normal!

Selbst große Staatsmänner verloren sich in der Liebe, berühmte Persönlichkeiten schufen Meisterwerke, in der Zeit, in der die Liebe sie übermannte.
Liebe verleiht die Flügel, die du brauchst um dich selber neu kennen zu lernen.

Doch das ist keine Antwort auf die Frage, wie du deine Gefühle ausdrücken sollst.
Darum gibt es hier einen kleinen Leitfaden, der dir helfen soll.

<u>Schreibe einen Liebesbrief!</u>

Halte dir vor Augen, du musst ihn nicht an den gedachten Empfänger übergeben oder schicken.
Schreib drauflos, was dir einfällt. Es ist in diesem Moment unwichtig, wie gut oder schlecht deine Rechtschreibung und Grammatik sind.

Wichtig ist, dass du deine Gefühle damit ausdrücken kannst. Wenn dir die richtigen Worte nicht einfallen, umschreibe was du fühlst.

<u>Sag dir – „Ich kann es!"</u>

Ist dir das Ergebnis zu peinlich, behalte oder vernichte ihn. Du brauchst ihn nicht an den gedachten Empfänger übermitteln. Er soll dir helfen dir über deine Gefühle klar zu werden.

Richtiges Formulieren

Hast du alles niedergeschrieben, was dir in den Sinn kam, kannst du es überarbeiten und auf schönem Papier zusammenfassen.

Ein Liebesbrief ohne Gefühle wirkt hölzern und unecht. Drücke deine Gefühle darin aus.

Es ist weder nötig literarisch hochbegabt oder originell zu sein – viel wichtiger ist es, du selber zu sein. Verstell dich nicht! Irgendwann lernt dein Schatz dein wahres Ich ohnehin kennen und was tust du, wenn sie dein wahres Ich nicht mag? Bleib lieber ehrlich.

Du brauchst Mut. Durch deine Gefühle öffnest du dich. Aus dieser Verletzlichkeit heraus kann große Liebe entstehen.

Schreibe den Brief eigenhändig. Das ist persönlicher. Verzichte auf den Computer.

Nutze schönes Papier, zu kitschig sollte es nicht sein. Der Liebesbrief sollte nicht zu überladen wirken. Schlichter und dezenter wirken besser.

Denke beim Schreiben an den Empfänger. Siehst du die Person vor dir? Das erleichtert das Schreiben. Was fühlst du beim Gedanken an diese Person?

Was vermittelt diese Person dir? Geborgenheit? Sicherheit? Abenteuerlust? Humor? Oder anderes? Nenne es beim Namen.

Schreib (wenn du willst) über eure erste Begegnung – oder wie ihr euch das erste Mal gesehen habt. Was hast du gefühlt? War es Amors Pfeil direkt ins Herz? Was war positiv für dich?
Schließlich erweitere, was du bisher hast. Fügen hinzu, was ihr gemeinsam habt. Ob das eine Speise, ein Lokal oder gemeinsame Interessen sind, ist zweitrangig.

Wie stark kribbelt es in dir, wenn du an diese Gemeinsamkeiten denkst?
Längst sind Liebesbriefe frei gestaltbar. Heutzutage sind sie kürzer als früher. Ein Roman ist nicht notwendig, außer der Empfänger liebt lange Texte.

Tipp:
Bleib dir selber treu!

Sag es durch die Blume

Blumen sind wunderschön. Sie bezaubern uns mit Schönheit und Düften.

Kein Wunder, dass Blumen als Mittler ihren Platz in der Liebe gefunden haben. Im Lauf der Zeit entwickelte sich eine eigene "Sprache der Blumen" daraus, die über lange Zeit gern genutzt wurde.

Diese Blumensprache ist eine eigene, kommt ohne Worte aus. Wo viel gesprochen, diskutiert und manches zerredet wird, sagt die Blume auf den ersten Blick, was sie meint – sofern man deren Bedeutung kennt. Mit der richtigen Kombination, den richtigen Accessoires und Zubehörteilen lässt sich mehr sagen als mit simplen Worten.

Achte auf jeden Fall darauf, dass die Blumen frisch sind! Am Besten direkt aus dem Blumenladen - und verzichte auf künstliches Gewächs!

Oft genug ist es schwer die richtigen Worte zu finden, überlass es den Blumen. Mit ihrem Duft und ihrer Süße können sie für dich sprechen.

Doch Vorsicht, achte auf Farben und Blumensorte sowie auf die Frische. Notfalls lass dich vom Floristen deines Vertrauens beraten. Oder organisiere dir entsprechende Fachliteratur.

Pflücke keine geschützten Blumen. Diese lassen sich im Normalfall als Züchtung beim Floristen erwerben!

Was sagen Blumen aus?

- **Ackermenning**

  Ich bin dir dankbar.

- **Adonisröschen**

  Ich haben eine schmerzliche Erinnerung.

- **Ahorn**

  Ich übe Zurückhaltung.

- **Akazie**

  Ich liebe dich auf keusche Weise.

- **Akazie in gelb**

  Du bist meine heimliche Liebe.

- **Akazie in rosa**

  Durch dich fühle ich Glückseligkeit.

- **Akelei**

  Für mich bist du ein Schwächling.

- **Angelika**

  Küssen wir uns heimlich.

- **Alpenrose**

  Wann sehen wir uns endlich wieder?

- **Alpenveilchen**

  Sie sind mir gleichgültig.

- **Anemone**

  Ich fühle mich von dir verlassen.

- **Apfelblüte**

  Ich würde gerne dir den Vorrang geben.

- **Aster**

  Von deiner Treue bin ich nicht überzeugt

- **Aurikel**

  Belästige mich nicht mehr!

- **Beißbeere**

  Schmerz! Du verursachst mir Schmerzen!

- **Baldrian**

  Ich werde dich beschützen - für immer!

- **Basilikum**

  Ich wünsche Dir alles Gute.

- **Bärenklau**

  Du bist ein Mensch mit Kunstsinn.

- **Belladonna**

  Du bist schön und sehr gefährlich.

- **Bellis**

  Demut!

- **Birke**

  Du bist sanftmütig.

- **Birnenblüte**

  Du bist mir zu affektiert.

- **Blaustern**

  Ich habe einen Fehler gemacht – verzeih mir bitte!

- **Brennessel**

  Ich habe dich durchschaut, Grausamkeit!

- **Brunnenkresse**

  Du entscheidest über mein Glück.

- **Buche**

  Ich wünsche dir Wohlergehen.

- **Buchsbaum**

  Du bist entsetzlich spröde.

- **Calla**

  Du bist unglaublich schön!

- **Christrose**

  Nimm mir meine Angst, ich bitte dich!

- **Chrysantheme**

  Mein Herz ist frei für dich.

- **Coreopsis**

  Du bist die Schönste.

- **Dahlie**

  Ich bin vergeben!

- **Dill**

  Mit deiner Liebe schenkst du mir:

  Freude, Mut und Kraft und Leben

- **Distel**

  Die Sache mit dir ist mir zu gefährlich.

- **Dotterblume**

  Erwarte mich bald!

- **Edelweiß**

  Deine Schönheit ist atemberaubend.

- **Efeu**

  Liebe!

- **Eibe**

  Ich liebe dich ewig!

- **Eichenlaub**

  Du bist mutiger als viele andere!

- **Eisenhut**

  Ich stehe dir zu Diensten.

- **Enzian**

  Deine Schönheit überwältigt mich!

- **Erdbeerblüte**

  Du bist mir viel zu unreif, werde

  erwachsen!

- **Erika**

  Ich liebe die Einsamkeit!

- **Farnkraut**

  Ich mache ungern viele Worte.

- **Feuerlilie**

  Du bist herrlich leidenschaftlich.

- **Fingerhut**

  Ich habe schlechte Erfahrungen gemacht.

- **Flieder**

  Wirst du mir treu sein?

- **Frauenhaar**

  Geheimnis!

- **Gänseblümchen**

  Unsere Liebe ist maßvoll.

- **Georgine**

  Ich bin vergeben!

- **Geißblatt**

  Gib mir Hoffnung, ich bitte dich!

- **Gerbera**

  Durch dich wird alles noch schöner.

- **Geranie**

  Ich erwarte dich an der bekannten Stelle.

- **Gladiole**

  Sei nicht überheblich! Das ist nicht gut!

- **Glockenblume**

  Unser Herzschlag ist gleich.

- **Goldlack**

  Ich sehne mich nach dir.

- **Goldkörbchen**

  Ich möchte mich mit dir versöhnen.

- **Hainblume**

  Ich verzeihe dir!

- **Heidekraut**

  Ich liebe die Einsamkeit! Lass mich allein!

- **Herbstzeitlose**

  Meine besten Tage sind vorüber.

- **Hopfenblüte**

  Ich lasse mich nicht überrumpeln.

- **Hortensie**

  Du bist ein Wichtigtuer!

- **Hyazinthe**

  Du bist herzlos.

- **Immergrün**

  Oh, dass sie ewig grünen bliebe, die
  schöne Zeit unserer jungen Liebe

- **Immortelle**

  Du bist meine ewige Liebe.

- **Iris**

  Ich will um dich kämpfen!

- **Jasmin**

  Du bist hinreißend bezaubernd!

- **Jungfernrebe**

  Ich empfinde geschwisterliche Liebe für
  dich, nicht mehr!

- **Kamille**

  Du entrüstest mich durch deine

  Eifersucht. Vertrau mir!

- **Kapuzinerkresse**

  Du verbirgst etwas vor mir, ganz sicher!

- **Kastanienblüte**

  Kannst du mir verzeihen?

- **Kiefer**

  ich habe Mitleid mit dir.

- **Kirschblüte**

  Du hast eine gute Erziehung genossen!

- **Klatschrose/Klatschmohn**

  Man muss im richtigen Augenblick

  schweigen können. Kannst du das?

- **Kleevierblättriger**

  Sei mein, ich bitte dich.

- **Klette**

  Du bist mir zu anhänglich!

- **Kornblume**

  Unendliche Hoffnung hege ich für unsere Liebe.

- **Krokus**

  Ich brauche noch Zeit, um mich zu entscheiden.

- **Kürbis**

  Mit dir wollte ich in dem verstecktesten Winkel der Erde wohnen.

- **Küchenschelle**

  Schellt sie uns den Mittag ein?

- **Lavendel**

  Ich werde mein Ziel noch erreichen! Du wirst sehen!

- **Lilie in weiß**

  Dein Herz ist rein.

- **Lindenblüte**

  Träume süß und denk an mich.

- **Löwenmaul**

   Du bringst meine guten Vorsätze ins Wanken.

- **Mädchenauge**

   Du bist die Schönste für mich.

- **Maiblume**

   Du bist unschuldig.

- **Maiglöckchen**

   Das Glück wird wieder kehren.

- **Majoran**

   Du lügst.

- **Margeriten**

   Lass mich in Frieden!

- **Maßliebchen**

   Demut

- **Mistel**

   Du bist erstaunlich beharrlich.

- **Moosrose/Wildrose**

    Finger weg! Ich weigere mich!

- **Märzenbecher**

    Lass mich nicht länger warten!

- **Myrte**

    Noch ist es Freundschaft.

- **Nachtschatten**

    Deine Eifersucht ist unbegründet.

- **Narzisse**

    Deine Eitelkeit kennt keine Grenzen.

- **Nelke in gelb**

    Ich verachte dich.

- **Nelke in rot**

    Ich liebe dich heiß und innig!

- **Nelke in weiß**

    Ich bin noch zu haben. Interessiert?

- **Orchidee**

  Du bist traumhaft schön.

- **Pägonie**

  Scham

- **Petersilie**

  Von mir darfst du vor allem schlichte

  Häuslichkeit erwarten.

- **Petunie**

  Verzage nicht, denn ich bin bei dir.

- **Pfefferminze**

  Bitte, verzeih mir.

- **Pfingstrose in weiß**

  Meine Liebe zu dir ist unendlich.

- **Pfirsichblüte**

  Du bezauberst mich.

- **Primel**

  Zufriedenheit ist das höchste Glück.

- **Rhododendron**

  Wann sehen wir uns wieder?

- **Ringelblume**

  Du bist schön und klug gleichermaßen.

- **Resede**

  Du sollst an mich denken!

- **Rose in rot**

  Ich liebe Dich über alles!

- **Rose in rot (Knospe)**

  Herzensangst quält mich.

- **Rose in rosa**

  Jugend und Schönheit

- **Rose in gelb**

  Meine Liebe nimm ab, bist du untreu?

- **Rose in weiß**

  Deine Unschuld und Treue sind wertvoll.

- **Rosmarin**

    Ich gebe dich frei.

- **Safran**

    Hüte dich vor Ausschweifungen.

- **Salbei**

    Ich denk an dich!

- **Sauerampfer**

    Du bist mir zu empfindlich.

- **Schafgarbe**

    Ich habe Geduld - wenn nötig ewig.

- **Schierling**

    Du hast mein Leben vergiftet!

- **Schilf**

    Entscheide dich endlich!

- **Schneeglöckchen**

    Lass mich dir Trost spenden.

- **Schwertlilie**

  Du bist mir wichtig! Ich kämpfe um dich.

- **Seidelbast**

  Falle nicht auf diesen Angeber herein!

- **Sonnenblume**

  Ich fürchte, du bist mir zu anspruchsvoll.

- **Stachelbeere**

  Ich bin beleidigt.

- **Tausendgüldenkraut**

  Du liebst nicht mich sondern mein Geld.

- **Teerose**

  Beständigkeit

- **Tollkirsche**

  Du bist schön und gefährlich.

- **Tulpe in rot**

  Entflammte Liebesgefühle für dich sind in meiner Brust.

- **Verbena**

  Du musst mich verhext haben.

- **Veilchen in blau**

  Hüte dich in Geduld!

- **Veilchen**

  Du bist bescheiden.

- **Vinca**

  Erinnerung

- **Wegwarte**

  Ich warte ganz innig auf dich!

- **Weidenzweig**

  Bin ich dir nicht gut genug?

- **Weinlaub**

  Wollen wir heute Abend ausgehen?

- **Weinrebe**

  Du berauschst mich.

- **Weißdorn**

  Klugheit, Hoffnung

- **Wermut**

  Abwesenheit

- **Welkes Blatt**

  Melancholie, Tod

- **Wicke**

  Mit dir ist es reines Vergnügen.

- **Winde**

  Mich wirst du nicht mehr los.

- **Wucherblume**

  Lass mich endlich in Frieden!

- **Zimmerbego.**

  Scham

- **Zitrone**

  Diese Bitte kann ich dir nicht erfüllen

- **Zitronenblatt**

  Deine Herbheit stößt mich ab

- **Zwiebelblüte**

  Du bist falsch.

- **Zypresse**

  Ich bin todunglücklich

Die Blumensprache – eine Übersicht nach Farben

Wie du dir denken kannst, hat die Blumensorte eine Bedeutung, die du mit passender Farbauswahl erweitern und verstärken kannst.

Tipp:

Schenke eine Blume und lege eine Karte bei. Auf dieser erklärst du, was die Blume bedeutet, was sie sagt.

Wieso legst du nicht ein Buch zum Thema

Blumensprache das kommende Jahr in den Geschenkkorb deines Schatzes?

- **Blau:**

  Feuerlilie in hellblau - ernste Lage

  Flieder – Die Lage ist ernst.

  Iris – Mit meinem ganzen Sein stehe ich zu dir.

  Tulpe – Treue gehört zu unserem Leben.

- **Gelb:**

  Feuerlilie – Unser Finden krönt mein Leben und mein Glück.

  Iris – Jederzeit stehe ich voll stolzesten Glückes für dich ein.

  Narzisse – Meine schönste Sehnsucht hat sich in dir erfüllt.

  Nelke – Verschaffe dir Durchblick.

  Rose – Ich verzeihe dir. Untreue, Eifersucht

  Tulpe – Im Märchenreich des Glücks sind wir in unserer Liebe.

- **Lila**

  Feuerlilie - Versuch auszugleichen

- **Rosa:**

  Rose – Schüchternheit – lass dir Zeit.

  Tulpe – Liebe

- **Rot:**

  Iris – Nicht um mein Leben könnte ich dich
  lassen.

  Narzisse (dunkles Rot) - Ich liebe dich!

  Nelke (dunkles Rot) – Heiße Liebe – Sinnbild der
  brennenden Liebe.

  Nelke – Ich liebe dich.

  Rose – Ich bin verrückt nach dir.

  Rosenknospe – erwachende Hoffnung

  Tulpe – Du bist unwiderstehlich.

- **Schwarz:**

  Tulpe – Mit Dir vereint in tiefster Leidenschaft.

- **Zart lila:**

  Flieder – Versuch auszugleichen

- **Weiß:**

  Iris – Unbeirrbar und für immer stehe ich zu dir.

  Lilie – Nichts kann reiner und edler sein als unsere Liebe.

  Narzisse – Meine unvergängliche Sehnsucht nach dir.

  Nelke – Ich bin noch zu haben. Ich warte auf deine Entscheidung.

  Rose – Reinheit und platonische Liebe. Ich liebe dich heimlich.

  Rosenknospe – Zu jung für die Liebe.

  Tulpe – Unsere immerwährend eigenste Welt ist unsere Liebe.

- **Kombinationen:**

  Rose Weiß und Rot (je eine) – Krieg

  Rose Weiß und Rot (jeweils mehr) – Einigkeit, Herzenswärme

Ich liebe dich – einmal anders gesagt

Zugegeben, es ist schwer die berühmten drei Worte von sich zu geben – vor allem, weil sie Gewicht haben. Wer diese drei Worte zu einem anderen Menschen sagt, verpflichtet sich.

Manche fühlen sich noch nicht bereit. Doch wie kannst / willst du es ausdrücken, wenn du dich (noch) nicht bereit fühlst um "ich liebe dich" zu sagen?

Hier sind ein paar Vorschläge:
Mein Engel, du bist der größte Schatz auf dieser weiten Welt. Ich dich küssen und mit Blumen dir zeigen, wie wertvoll du für mich bist.
Darf ich dir zeigen, was ich für dich empfinde? Du bist mir unglaublich wichtig. Dafür gibt es keine Worte.
Immer wenn ich in deine Augen sehe, erblicke ich pures Glück. Wenn du lächelst, erstrahlt die Welt.
Ich habe mit Haien gekämpft, habe die Sahara durchquert, sämtliche 8000er bestiegen. Zum Schluss tanzte ich in einer Schwulenbar mit Männern und lud sie

auf einen Drink ein. Jetzt vor dir zu stehen und in deine Augen zu blicken ist das größte aller Abenteuer!
Eines würde ich gern in die Welt hinausschreien.
Allerdings fehlen mir die Worte! Lass mich dir ins Ohr flüstern: "Ich brauche dich!".

Ohne Worte:
Überreiche ein schönes Schokoherz, mit dem Namen deines Schatzes. Wenn es gegessen ist, findet dein Schatz darin einen verpackten Ring. Auf diesem Ring sind drei Worte graviert "Ich liebe dich!"

Ich liebe dich!

Diese drei kleinen Worte sind unglaublich mächtig. Sie hinterlassen Eindruck, sie werden gefürchtet und gleichzeitig herbeigesehnt.

Doch warum? Weil sie mehr als Unverbindliches implizieren?
Wenn du die richtigen Worte zum richtigen Moment sprichst, geht nichts schief - im Gegenteil!

Jede Sprache und jedes Volk kennt diesen Ausdruck für Liebe. Warum nicht "Ich liebe dich" in einer anderen Sprache sagen?

- **Afrikaans**

    Ek is lief vir jou!

    Ek het jou lief

- **Albanisch**

    Unë të dua!

    Të dua

- **Arabisch**

    Ana behibak (zum Mann)

    Ana behibek (zur Frau)

    إ أنا أحبـــك

- **Armenisch**

    Yes kezsirumen

     Եսսիրումեմբեզ!

- **Aserbaidschanisch**

  Mənsənisevirəm!

- **Äthiopisch**

  Afgreki'

- **Bambara**

  M'bife

- **Bangla**

  Aameetumakebhaloaashi

- **Baskisch**

  Maite zaitut

- **Belarusian**

  Yatabekahayu

- **Bengalisch**

  Aamitomaakebhaalobaashi

- **Bisaya**

  Nahigugmaakokanimo

- **Bosnisch**

  Volimte

- **Brasilianisch**

  Euteamo

- **Bul.isch**

  Obichamte

  Обичамте!

- **Cebuano**

  gihigugmakoikaw

- **Cheyenne**

  Ne mohotatse

- **Chichewa**

  Ndimakukonda

  Inendimakukondaniinu!

- **Chinesisch (Kanton)**

  Ngo oiyney a

- **Chinesisch (Mandarin)**

  Wo ai ni

- **Chinesisch traditionell**

  我愛你！

- **Chinesisch ver.t**

  我爱你！

- **Dänisch**

  Jegelskerdig

- **Deutsch**

  ich liebe dich

- **Englisch**

  I love you

- **Estnisch**

  Ma armastan sind

- **Faroese**

  Egelskiteg

- **Farsi (Persisch)**

  Tora dost daram

- **Filipino**

    Mahalkita

- **Finnisch**

    Rakastansinua

    Minärakastansinua

- **Französisch**

    Je t'aime

    Je t'adore

- **Gällisch (Irland)**

    Tágráagamort

- **Gällisch (Schottland)**

    Thagra\dhagamort

- **Galizisch**

    Quérote

    euteamo!

- **Georgisch**

    Meshenmiqvarhar

    მეშენმიყვარხარ!

- **Griechisch**

  S'ayapo

  Σ 'αγαπώ!

- **Grönländisch**

  Asavakit

- **Gujarati**

  Hoothunaypremkaroochoo

  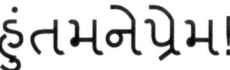

- **Haitianisch**

  Mwenrenmenou

- **Hausa**

  ina.nku

- **Hawaiinisch**

  Asavakit

  Aloha wauia oi

- **Hebräisch**

  Aneeohevotakh

Ani ohevotah (zur Frau)

Ani ohevetotha (zum Mann)

אניאוהבאותך!

- **Hiligaynon**

Palanggakoikaw

Guinahigugmakoikaw

- **Hindi**

Hum TumhePyar Karte hae

Mai tumasepyarkaratahun

मैंतुम्हेंप्यारकरताहूँ!

- **Hmong**

kuvhlubkoj

- **Holländisch**

Ikhou van je

- **Hopi**

Nu' umiunangwa'ta

- **Igbo**

    m hụrụgịn'anya!

- **Ilonggo**

    Palanggakoikaw

- **Indonesisch**

    Akumencintaimu

    Sayacintapadamu

- **Internetsprache, Herz-Emoticon**

    <3

- **Inuit**

    Negligevapse

- **Irisch**

    Is breáliomtú

    Tágráagam ort

    Taimi' ngraleat

- **Isländisch**

    Égelskaþig

- **Italienisch**

    Tiamo

- **Japanisch**

    Kimi o ai shiteru

    私はあなたを愛してい
ます

- **Javanesisch**

    Kulotresno

    Akutresnasampeyan!

- **Jugoslawisch**

    Ja tevolim

- **Kannada**

    Naanuninnapreetisuttene

    ನಾನುನಿನ್ನ ಪ್ರೀತಿಸುತ್ತೇನೆ!

- **Kapampangan**

    Kalugurandaka

- **Kasachisch**

    Менсенісүйемін!

- **Katalanisch**

    T'estimo

    Et vull!

- **Kiswahili**

    Nakupenda

- **Klingonisch**

    bangwI' SoH

- **Konkani**

    Tu magelmogacho

- **Koreanisch**

    SarangHeyo

    당신을사랑해요!

- **Korsisch**

    Titengucara

- **Kreolisch**

    Mi aime jou

- **Kroatisch**

    Volimte

    Ja tevolim

- **Kurdisch**

    Eztehezdikhem

- **Lateinisch**

    teamo

- **Lao**

    ຂ້າພະເຈົ້າຮັກທ່ານ!

- **Lettisch**

    Es tevimilu

- **Libanesisch**

    Bahibak

- **Litauisch**

    Ašmyliutave

    Tavemyliu

- **Luxemburgisch**

    Echhundech gär

- **Madagassisch**

    mitiaianaoaho

- **Malabarisch**

    ഞാൻനിന്നെസ്നേഹി
    ക്കുന്നു!

- **Malaiisch**

    Sayasukaanda

- **Malayalam**

    NjanNinnePremikunnu

- **Maltesisch**

    Jieninhobbok

- **Maori**

    aroha anaahauki a koutou

- **Marathi**

    Mītujhvāvaraprēmakaratō!

    मीतुझ्याावरप्रेमकरतो

- **Marokkanisch**

    Kanbhik

- **Mazedonisch**

    Teljubam

- **Mohawk**

    Kanbhik

- **Mongolisch**

    Бичамдхайртай!

- **Nahuatl**

    Ni mitsneki

- **Navaho**

    Ayoranosh'ni

- **Nepalesisch**

    Бичамдхайртай!

- **Niederländisch**

  Ikhou van je

- **Norwegisch**

  Jegelskerdeg

- **Nyanja**

  Ndimakukonda

- **Pandacan**

  Syotanakita!!

- **Pangasinan**

  Inaru Taka

- **Papiamento**

  Mi ta stimabo

- **Persisch**

  Man tora dust daram

  Doo-set daaram

  منشمار ادوســت إدارم

- **Pig Latin**

    Iayovlayouyay

- **Polnisch**

    Kochamcie

- **Portugiesisch**

    Euteamo

- **Punjabi**

- **Quenya (Tolkien)**

    Tye-meláne

- **Rumänisch**

    Eau at am

    Teiubesc

- **Russisch**

    Yatyebyalyublyu

    я тебялюблю!

- **Sanskrit**

    Anurag

- **Schwedisch**

    Jag älskardig

- **Schweizerdeutsch**

    I liäbä di

- **Serbisch**

    Ljubimte

    Volimte

    Волимте!

- **Setswana**

    Ke a go rata

- **Sindhi**

    Maatokhepyarkendoahyan

- **Sioux**

    Techihhila

- **Slowakisch**

    Milujemťa!

- **Slowenisch**

    Ljubimte

- **Somalisch**

    waankujeclahay

- **Spanisch**

    Teamo

    Mi amasvin

    Tequiero

- **Srilankesisch**

    Mama oyataarderyi

- **Suaheli**

    Nakupenda

- **Swahili**

    Ninapendawewe

- **Syrisch**

    Bhebbek

- **Tagalog**

    Mahalkita

- **Tahitianisch**

  Ua Here VaulaOe

- **Taiwanesisch**

  Wagaei li

- **Tamilisch**

  Naanunnaikadalikiren

  நான்உன்னை
  காதலிக்கிறேன்!

- **Telugu**

  Nenuninnupremistunnanu

  నేనునిన్ను ప్రేమిస్తున్నాను!

- **Thai**

  Chan rakkhun (zum Mann)

  Phomrakkhun (zur Frau)

  ผมรักคุณ

- **Tschechisch**

  Milujite

- **Tunesisch**

  Nhebek

- **Türkisch**

  Ben seniseviyorum

- **Ukrainisch**

  Ja tebekokhaju

- **Ungarisch**

  Szeretlek

- **Urdu**

  Main tumsemuhabbatkartahoon

- **Usbekisch**

  Menseniyaxshiko'raman

- **Vietnamesisch**

  Tôiyêubạn

- **Walisisch**

  Rwyfwrthfymoddi chi

- **Wienerisch**

  I hob Di vuiliab

- **Yiddish**

  Ikh hob dikh

- **Yoruba**

  Mo niifeti o

  Mo Feran e

- **Zulu**

  Mena tandawena

  Ngiyakuthanda

Geschenke aus Liebe

Geschenke aus Liebe

Gut überlegte Geschenke sind Balsam für die Seele.
Gerade zu Beginn einer Beziehung, oder wenn du noch
um deinen Schatz wirbst, wird der / die Umworbene gern
mit Geschenken überhäuft. Überschütte deinen Schatz
nicht mit einer Menge Kleinkram, sondern wähle gut aus.

Wichtig!
Geschenke ersetzen weder Zuwendung noch
Zuneigung. Sie unterstreichen zwar deine Gefühle, sind
kein Ersatz für dich.

Bist du frisch verliebt und kennst die Wünsche und
Bedürfnisse deines Schatzes noch nicht macht es Sinn,
dich an bewährte Klassiker zu halten. Damit kannst du
wenig falsch machen. Kennst du deinen Schatz mit der
Zeit besser, passe die von dir gewählten Geschenke an.

Berechne Faktoren wie Alter oder das Umfeld mit ein. Es
dürfen ruhig nützliche Geschenke darunter sein. Fällt dir
nichts ein, fertige Gutscheine, mit denen du deinem
Schatz anbietest, ihr / ihm im Haushalt zu helfen.

Tipp:
Je individueller deine Geschenke sind, umso besser.
Dein Schatz ist nicht irgendwer, sondern diese eine

bestimmte Person, die dir alles bedeutet. Behandle sie / ihn dementsprechend.

Klassiker

Liebesbriefe

Wann hast du zuletzt einen Brief mit der Hand geschrieben?
Unsere Zeit ist schnelllebig geworden. SMS oder Mail sind schnell verschickt, um dem anderen Wichtiges mitzuteilen. Doch sie sind schnell vergessen.
Liebesbriefe vergisst du nicht. Viele Liebesbriefe älterer Generationen finden sich in Nachlässen nach deren Tod. Es waren wertvolle Erinnerungen.

Liebesbriefe verfügen über den Vorteil,
dass sie kostengünstig sind. Lediglich hübsches Papier, ein paar passende Worte und Zeit sind vonnöten um ein besonderes Geschenk zu machen.
Liebesbriefe kommen vom Herzen. Gerade Frauen schmelzen dahin, wenn sie einen erhalten.

Tipp:
Wähle passendes Material wie Papier und Schreibutensilien. Lass beim Schreiben dein Herz und deine Gefühle sprechen.

Blumen

Kennst du die Bedeutung einzelner Blumensorten?
Natürlich wirst du wissen, dass rote Rosen für die Liebe
stehen. Aber sie sind nicht die einzigen, mit
denen du deine Gefühle mitteilen kannst.

Kennst du die Blumensprache?
Beschäftige dich mit ihr. Wähle die
Blumen anhand ihrer Bedeutung aus. Vor allem Frauen
finden Blumen als Geschenke im Regelfall magisch.

Du kannst dich maximal blamieren, wenn dein Schatz
die Blumensprache versteht und du die falsche Sorte
wählst. Doch das Risiko ist gering. Im Gegensatz zu
früher ist die Blumensprache zu einem Geheimtipp
geworden.

Kennst du dich nicht gut genug aus, frag den
Floristen deines Vertrauens.

Tipp:
Übergib, nach Möglichkeit, die Blume(n) direkt. Das wirkt
besser als ein Versand oder über den Online-Weg.

Candle Light Dinner

Ein gemeinsames, romantisches Diner ist edel und gefällt den meisten. Du kannst deinen Schatz entweder in ein entsprechendes Lokal ausführen,
oder du gestaltest es selber. Wenn du es ausrichtest, schenkst du deine kostbare Zeit, neben einem leckeren Abendessen.
Kannst du nicht gut genug kochen, wähle einfache Gerichte. Es kommt hierbei weniger auf die Art des Essens an, als vielmehr das Drumherum.

Tipp:

Achte auf gutes Essen, Kerzenlicht und romantische Musik. Das bringt das Herz von Frau UND Mann gleichermaßen zum Schmelzen. Es heißt nicht umsonst "Liebe geht durch den Magen".

Gedichte

Wenn du kein begnadeter Dichter bist, macht das nichts. Du kannst von alten Dichtern Werke entlehnen. Hier zählt vor allem der Gedanke.
Wenn du einen Liebesbrief schreiben willst, baue ruhig ein romantisches Gedicht mit ein.
Bist du musikalisch begabt, kannst du ein Gedicht als

Lied vortragen.

Möglichkeiten gibt es hier viele.

Tipp:

Versuche vorher herauszufinden, ob dein Schatz Gedichte mag. Sonst kann diese Geste leicht als kitschig im Eck landen.

Lebkuchenherzen

Warst du auf Weihnachtsmärkten oder dem Oktoberfest?

Dort und bei vielen "Dorffesten" gibt es Lebkuchenherzen. Viele von ihnen sind versehen mit Texten für Liebende.

Du kannst mit deinem Schatz einen entsprechenden Markt oder Fest besuchen und ein Herz kaufen.

Oder du backst und verzierst deine Lebkuchenherzen selber.

Lebkuchenherzen wirken nicht zu aufdringlich, außer du überfrachtest sie.

Tipp:

Schreibe Persönliches aufs Herz, wähle einen Spruch oder ein paar Worte, die dein Herz "sprechen" lassen -

zum Beispiel: "Ich liebe dich" in einer anderen Sprache.

Pralinen

Süßigkeiten, vor allem wenn es sich um feine Schokolade handelt, kommt bei vielen gut an.
Trotzdem kannst du damit danebenliegen, wenn dein Schatz gerade auf Diät ist. Check das vorher ab!
Wähle mit Bedacht. Es brauchen keine Schokoladenberge zu sein. Verzichte auf billige Schokolade und investiere lieber mehr in hochwertige. Hervorragend bieten sich die günstigeren Sorten an, die einen passenden Spruch auf der Verpackung stehen haben.

<u>Tipp:</u>
Schenke mit Bedacht. Lieber weniger und gute Qualität, als viel und billig.

Parfums

Weißt du, welches Parfum dein Schatz nutzt? Sei vorsichtig bei der Wahl deines Geschenks. Meist gibt es eine bevorzugte Sorte, die nicht leicht gewechselt wird. Viele verzichten auf Parfums und nutzen lieber Deos.

Willst du Parfum schenken, finde heraus,
was dein Schatz mag. Zu vielen Deos gibt es eine
Parfumvariante. Hast du keine Ahnung, wähle ein
Parfum, das Worte wie Valentin oder Liebe im Namen
trägt.

Tipp:
Wähle mit Bedacht.

Schmuck

Ist Schmuck, wie Ringe oder Ketten, deine erste Wahl
als Geschenk?
Schmuck als Geschenk ist eine dankbare Wahl. Doch
mach dir klar, dass guter Schmuck nicht günstig ist.
Wenn du die Juweliere genauer unter die Lupe nimmst,
kannst du günstige Sachen finden, die hübsch und
wunderschön sein können. Rechne mit höheren Kosten!

Achte darauf, was dein Schatz normalerweise trägt.
Wähle eine Schmuckart, die entweder Besonderes ist,
oder das dein Schatz tragen würde. Es wäre schade,
wenn du ein kleines Vermögen ausgibst und der
Schmuck im Kasten verstaubt.
Dezente Ketten mit passendem Anhänger oder eine
teure Armbanduhr kommen bei vielen gut an.

Lass dich bei einem Juwelier beraten, wenn du selber keine Idee hast.

Tipp:

Wähle mit Bedacht. Immerhin willst du deine Liebe präsentieren und nicht sagen, wie
viel du in deiner Geldbörse hast.
Weniger ist mehr! Es muss nicht protzig oder teuer sein!
Teure Klunker kosten viel, aber sagen nicht mehr aus als eine dezente Kette mit passendem Anhänger!

Tipp:

Versuche herauszufinden, welche Art Schmuck der / die Angebetete bevorzugt. Danach kannst du dich gut orientieren.

Kreatives

Sterne

"Lass mich dir diesen Stern schenken!"

Klingt das nach Anmache oder nach einer rührenden Geste?

Warum nicht einen Stern verschenken? Das ist romantisch. Es gibt viele hübsche Anhänger in

Sternform. Oder, wenn du ", warum nicht einen namenlosen Stern am Firmament? Das kannst du in Form einer Sterntaufe machen. Zu einer solchen Taufe gibt es ein hübsch gestaltetes Zertifikat und kleinere Extras.

Tipp:
Am besten eignet sich die Übergabe in einer wolkenlosen Nacht.

Grundstück am Mond

Kennst du die Geschichte vom Mann im Mond? Kennst du die ganzen Legenden und Mythen, die sich um den Mondstand drehen? Wusstest du, dass der Mond für Ebbe und Flut und vieles mehr "zuständig" ist?

Warum nicht dem Mond ein kleines Stück in eurem Leben widmen? Schenke deinem Schatz ein Grundstück am Mond.

Wie bei der Sterntaufe gibt es hier ein Zertifikat mit Bestätigung der Eigentümerschaft. Übrigens lässt sich das ebenfalls mit Venus und Mars machen.

Tipp:
Am besten eignet sich die Übergabe in einer

wolkenlosen Nacht wenn der Mond gut zu sehen ist. Wie wäre es bei Vollmond?

Ballonfahrt

Die Welt von oben betrachtet ist traumhaft. Erinnerst du dich an das Lied mit dem Text: "Über den Wolken muss die Freiheit wohl grenzenlos sein."

Von oben betrachtet fühlt es sich an, als gäbe es keine Morgen mehr. Das ruhige Tempo der Ballonfahrt bietet zusätzlich Muße, damit ihr euch aufeinander konzentrieren könnt.

Tipp:
Erklär deine Liebe über den Wolken.
Kutschenfahrt
Liegt Schnee, bietet sich eine Kutschenfahrt an. Ähnlich der Ballonfahrt sorgt eine Kutschenfahrt für besondere Stimmung.
Vor allem nachts, wenn der Schnee alles unter ein weißes Tuch legt. Schnee verzaubert die Stimmung. Die kühle Temperatur lässt einen leicht Nähe suchen und romantisch werden.

Tipp:
Warte, bis ihr euch an den Händen haltet, und

hauch deinem Schatz das ins Ohr, was du ihm
/ ihr sagen willst.

Schlüssel zum Herzen

Dafür benötigst du ein hübsches Behältnis sowie einen simplen Schlüssel. Versieh es mit einem Text wie "Der Schlüssel zu meinem Herzen". Damit steht der Schlüssel als Symbol für die Liebe.

Tipp:
Suche einen hübschen, zierlichen Schlüssel aus. Altertümliche Modelle kommen gut. Nimm keine Schlüsselkarte, außer der / die Angebetete steht auf Modernes.

Schloss der Liebe

Kleine Schlösser gibt es in den verschiedensten, günstigen Ausführungen. Lass sie mit euren Namen gravieren und hängt sie gemeinsam an ein Brückengeländer – werft den Schlüssel ins Wasser. Das machen viele Paare als Zeichen ihrer Liebe, wie du an manchen Brücken sehen kann.

Tipp:

Gib den Schlüssel deinem Herzblatt und warte, was damit passiert.

Persönliches

Haarlocke

Weißt du, was frühere Generationen gern geschenkt haben, um ihren Schatz bei sich zu haben?
So manch einer trug viele Jahre lang eine Haarlocke seines / ihres Schatzes bei sich.

Tipp:

Kombiniere es mit einem hübschen Spruch und einer kleinen Karte und du hast ein ausgefallenes, mehr als persönliches Geschenk.

Massagen

Wäre das kein guter Grund einen Massagekurs zu besuchen?
Es muss nicht gleich Tantra-Massage sein – ein einfacher Fußmassagekurs tut es ebenso. Vor allem Frauen und Männern mit einen stehenden Job freuen sind über Fußmassagen.

Tipp:

Massagen sorgen für Entspannung und Wohlbefinden.
Schenke damit Regenerationszeit und Ruhe.

<u>Persönliches Geschenkset</u>

Das macht Sinn, wenn du weißt, was dein Schatz gerne
hat und / oder mag. Stimme das Geschenkset darauf ab.

<u>Beispiele:</u>

- Hobbyköchen - ein Geschenkkorb exotischer
  Gewürze
- Veganer - ein Geschenkkorb mit veganen, neuen
  Spezialitäten und einem veganen Kochbuch
- Blumenliebhaber - ein Geschenkkorb mit
  Blumenzwiebeln ungewöhnlicher Sorten
- Fans einer bestimmten TV-Serie - ein
  Geschenkkorb mit Fanartikeln

Tipp:

Frag (wenn du die Möglichkeit hast) die Freunde des /
der Angebeteten. Familie und Freunde können
weiterhelfen. Oder interessiere dich für die Interessen
deines Schatzes. Das hilft dir eine passende Auswahl zu
treffen.

Rezept für Lebkuchenherzen

Lebkuchenteig ist leicht zu machen. Allerdings benötigt er ausreichend Ruhezeit.
Noch vor allem anderen benötigt er einen Menschen, der Schönes für seinen Schatz daraus zubereitet.

Dieses Teigrezept ist simpel. Traust du dich nicht drüber, backe die Herzen zusammen mit deinem Schatz. Gemeinsam kochen und / oder backen verbindet.

Zutatenliste:
- 200g Margarine
- 550g Ahorn- oder Agavensirup
- 250g Zucker
- 1 Prise Lebkuchengewürz
- 30g bitteres Kakaopulver
- 1,2kg Mehl
- 1 Prise Backpulver (nimm dafür eins der kleinen abgepackten Sackerl)
- 2 Eier
- 1 Prise Salz
- viel Liebe im Herzen für den zu Beschenkenden

Wie bereitest du den Teig jetzt zu?

Nimm zuerst einen größeren Kochtopf.
Darin gibst du Margarine, Sirup, Zucker, Kakao und das
Lebkuchengewürz.
Erhitze es auf kleiner Flamme. Lass dir Zeit damit. Rühre
mit einem Kochlöffel regelmäßig um, damit die Masse
nicht anbrennt.
Hast du eine glatte Masse, nimmst du den Kochtopf vom
Herd. Lass den Inhalt abkühlen.

In dieser Zeit kannst du Backpulver zusammen mit dem
Mehl in eine Schüssel geben. Bilde darin eine kleine
Mulde. Salz, Eier und den Topfinhalt (darum abkühlen
lassen) gib in diese Mulde.
Knete den ganzen Schüsselinhalt zu einem schönen,
glatten Teig.

Jetzt braucht der Teig Ruhe!

Nimm die Schüssel und bedecke diese mit einem Tuch.
Stell sie am Besten in der Küche auf den höchsten
Kasten, dort bekommt der Teig normalerweise die
richtige Wärme. (Er sollte an die 24 Stunden bei
Zimmertemperatur stehen.)

Am folgenden Tag verarbeitest du ihn weiter. Dafür benötigst du jetzt ein Backblech. Gib darauf Backpapier oder bestreich es ordentlich mit Fett.

Aus einem Karton kannst du (wenn du keine passende Ausstechform hast), ein Herz ausschneiden.Auf der Arbeitsfläche brauchst du ausreichend Mehl, damit sich der Teig nicht anklebt. Rolle ihn darauf aus.
Nimm jetzt die Herzform und schneide mit dieser Vorlage die Herzen aus dem Teig.

Die fertigen Herzen leg auf das Backblech. Schieb es in den Ofen und backe die Herzen bei ca. 200 Grad. Rechne mit 15 Minuten (wenn du das Backrohr vorgeheizt hast).

Sobald sie fertig gebacken sind, kannst du dich mit der Dekoration befassen. Die Dekorationsmaterialien kannst du entweder in einem Laden erwerben oder du stellst sie selber her.

Zutatenliste:
- Schokoglasur
- 150g Staubzucker
- 1 frisches Eiweiß
- Lebensmittelfarben

Zuerst überziehst du die Herzen mit der Schokolade. Lass sie trocknen, bevor du sie weiter verarbeitest. In der Zwischenzeit kannst du das Eiweiß mit einem Schneebesen schlagen und den Staubzucker untermischen. Diese Mischung gibst du in einen Spritzbeutel. Jetzt kannst du nach Belieben dekorieren.

Die Herzen brauchen nicht perfekt sein. Es zählt die Liebe, mit der sie gemacht sind.

Tipp:
Beschriftet die Herzen gemeinsam. Wenn Kinder da sind, lasst sie helfen.

Valentinstag - Fest der Liebe

Feierst du den Valentinstag oder verwünschst du ihn?
Ein Tag im Jahr, der der Liebe gewidmet ist, kann Segen
und Fluch zugleich sein. Vor allem Singles mögen
diesen Tag. Eigentlich nachvollziehbar, oder?

Nach außen hin dreht sich alles um Liebe.
Siehst du genauer hin, merkst du jede Menge Kommerz
und Kitsch.
Wer ihn feiern will, sollte das tun! Weil der Valentinstag
zauberhaft und wunderbar sein kann, wenn man es
zulässt.

In vielen Ländern hat er Kultstatus erreicht, wird gefeiert
und zelebriert. Im Herzen Europas mag es zuckerlrosa
und picksüss wirken, wie sieht es rund um den Erdball
aus?

China

Dank des Qixi Fest hat die jüngere Generation die
Möglichkeit zweimal im Jahr die Liebe zu feiern und zu
zelebrieren. Dieses Fest ist eine Art "chinesischer
Valentinstag". Der Qixi-Tag ist nicht am gleichen Tag wie
der Valentinstag.

klassische Geschenke:
Rosen und Süßes

Deutschland und Österreich

Ohne Geschenke geht am Valentinstag nichts. Diese dürfen gern kitschig und luxuriös sein. Männer fühlen sich davon genervt, während ihn Frauen schätzen. Singles haben es in diesen Ländern schwer.
Wusstest du, dass es seit einiger Zeit eine Anti-Valentinstagsfraktion gibt?

klassische Geschenke:
Blumen, Süßes, gemeinsames Unternehmen

England

Die typisch britische Art besagt "Förmlichkeit ist Trumpf".
Es wird über Shakespeare gesprochen, dezent geflirtet, Tee getrunken und romantische Gedichte überreicht. Mit Sonnenuntergang ändert sich das. Die Förmlichkeit wird über Bord geschmissen.

klassische Geschenke:
Rosen und Gedichte

Finnland

Hier geht es weniger um Liebe, als vielmehr um Freundschaft. Beschenkt werden Personen, die einem sympathisch sind und die man mag.

Das erhöht die Anzahl der Geschenke, die der einzelne bekommen kann.

klassische Geschenke:
Schokolade

Italien

Wo wird der Valentinstag noch kitschig gefeiert? Ganz eindeutig in Italien.
Unzählige Rosen und Paare aus aller Herren Ländern geben sich der Liebe und Romantik hin.
Schlösser werden an Brücken geschlossen, die zugehörigen Schlüssel im Fluss versenkt.

klassische Geschenke:
Rosen

<u>Japan</u>

In Japan schenken Frauen am Valentinstag den Gatten, Brüdern oder Kollegen. Knapp einen Monat später gibt es den "White Day". Beschenkte revanchieren sich mit weißer Schokolade.

<u>klassische Geschenke:</u>
Schokolade

<u>Saudi-Arabien</u>

Wer ihn feiert verstößt gegen das Gesetz. Als "christliches" Fest ist er verboten.

Dennoch feiern ihn viele Paare heimlich feiern. Meist handelt es sich um zugezogene oder weltoffene Paare.

Ein besonderes Geschenk

Fehlt dir eine Idee, was du schenken willst und kannst - wie wäre es mit einem Fotoshooting? Gute Fotografen können zauberhafte Bilder hinbekommen. Dafür lohnt sich eine Investition. Dein Schatz freut sich über persönliche Bilder von dir. Wie wäre ein Kalender mit Fotos von dir?

Einerseits kannst du ästhetische Akt-Bilder (oder Halbakt-Fotos) in einem guten Studio machen lassen. Alternativ bietet sich Boudoir-Fotografie an.

Doch wähle kritisch aus. Such den Fotografen deiner Wahl auf und lass dich erst beraten. Wenn dein Bauch dir von diesem Fotografen abrät, geh zu einem anderen. Du musst dich wohlfühlen in seinem / ihren Studio. Lass dir eventuell Referenzfotos zeigen. Nimm eine Freundin mit, wenn du dich sicherer fühlst. Hast du dich für einen Fotografen entschieden, sag ihm, was du haben willst.

Aktofotos kennst du, Boudoir-Fotografie wird dir weniger sagen. Kennst du "Dita Von Teese"? Ihre Bilder fallen in diese Sparte. Sie machte Boudoir-Bilder salonfähig.

Bilder dieses Stils sprühen vor Sinnlichkeit und betörender Schönheit. Unterstrichen mit schönen Accessoires lassen sie aus Mauerblümchen strahlende Schönheiten mit bisweilen leicht verruchten Touch werden.

Boudoir-Fotos versprechen vor allem eines - "ich will dich verführen!"
Die schönsten Boudoir-Bilder beinhalten historisch wirkendes Ambiente und eine Frau in sinnlichen Dessous und Accessoires. Ein Hauch von Luxus findet

sich in diesen Bildern. Sie wirken elegant und edel, alt und wertvoll. Boudoir-Bilder sind ästhetisch, nicht voyeuristisch. Richtig in Szene gesetzt wirken die Fotografierten sinnlich und anmutig. Es gibt kaum Geschenke, die das toppen können.

Wichtig sind verführerische Dessous, Fächer, schöne Handschuhe, zarte Spitzen und Rüschen, mit denen kokettiert werden, kann. Die Bilder zeigen keine schüchternen Mädchen, sondern starke und stolze Persönlichkeiten, die pure Weiblichkeit ausstrahlen. Zudem sind sie eine schöne Erinnerung. Egal wie du aussiehst – du hast einen tollen Körper, den du damit ins rechte Licht setzen kannst.

Last Minute Geschenke

Stell dir vor, es ist Weihnachten, euer Hochzeitstag oder ein anderes wichtiges Fest und du hast noch kein Geschenk für deinen Schatz, weil dir die Zeit davon gelaufen ist.

Warum nicht auf Last Minute Geschenke zurückgreifen, die von Herzen kommen?

Liebesbrief

Nimm ein Blatt Papier und schreibe deinem Schatz, wie toll sich das gemeinsame Fest anfühlt. Schreibe, was du für deinen Schatz empfindest und dass du am liebsten bis ans Lebensende mit ihm / ihr zusammen sein möchtest. Nimm Siegelwachs (wenn du hast) oder eine hübsche Schleife und verpacke diesen Brief in passendem Papier.

Gutschein für Besonderes

Gutscheine lassen sich schnell gestalten, vor allem, wenn du kreativ bist. Du benötigst nicht mehr als Papier und eine passende Idee.
Schenk ihm / ihr zum Beispiel einen Gutschein für eine Rückenmassage nach Bedarf oder für ein gemeinsames Erlebnis.

Rollenspiel

Warum nicht ein Rollenspiel versuchen? Du kannst vieles aus deinem Kasten nutzen, oder du holst noch rasch Kostüme (Zimmermädchen-Outfit, Feuerwehr oder anderes). Gerade unter zwei Personen sind Rollenspiele beliebt. Welcher Art dieser Spiele sein sollen, liegt an euch. Sei kreativ!

Herzschlüssel

Dafür brauchst du einen Schlüssel und eine kleine Kette als Anhänger. Schreibe einen Zettel und wofür der Schlüssel ist (zu deinem Herzen, zu deiner Liebe oder zu deiner Wohnung).

Du kannst ein Verwöhnbad einlassen
oder euer Schlafzimmer stilgerecht mit Rosenblättern und Kerzenlicht herrichten.

Wenn du nachdenkst, fallen dir garantiert weitere gute Ideen ein. Lass deine Kreativität spielen!

Der Liebesbrief

Was ist für dich ein Liebesbrief? Reichen dir ein paar Zeilen, mit dem Abschluss "Ich liebe dich"? Oder denkst du an die großen, alten Machwerke von Künstlern, die bis heute überlebten?

Wie würdest du einen Liebesbrief definieren, wenn du das müsstest? Könntest du das? Definitionen lassen sich leicht finden, wenn du verschiedene Lexika heranziehst. Nimm ein Lexikon aus dem 19. Jahrhundert und vergleiche es mit einem aktuellen. Der Begriff "Liebesbrief" hat sich verändert. Je älter das Lexikon, umso unterschiedlicher werden die Definitionen. In alten findest du noch Begriffe wie "Liebesleute".

Generell lässt sich sagen, dass ein Liebesbrief ein Schriftstück ist, dass an die Person geht, die du liebst oder dass du von einer solcherart geliebten Person ein entsprechendes Schriftstück bekommst. Erst im Lauf der Zeit kam eine Individualisierung. In früheren Zeiten gab es für Liebesbriefe, die von Herzen kommen Regeln. Selbst bei Liebesbriefen herrschten Förmlichkeiten und Zwänge.

Die heutige Gesellschaft ist lockerer geworden. Gesellschaftliche Veränderungen kannst du an Liebesbriefen gut erkennen.

Wusstest du, dass Heiratsanträge bisweilen schriftlich an die mögliche Braut ergingen? In gewissem Sinne mag das heute noch unter den Begriff Liebesbrief fallen, wenn der ganze juristische Staub weggepustet wird.

Generell waren und sind Liebesbriefe bis heute eine großartige Möglichkeit seine Gefühle zu offenbaren und seinem Schatz Wichtiges mitzuteilen. Heute sind Liebesbriefe Liebesgeständnisse oder zählen als Auffrischung dieser.

Egal wie sich die Zeiten ändern mögen, wie weit sich die Definitionen verändern. Eines bleibt gleich - ein eigenhändig verfasster Liebesbrief für deinen Schatz ist ein großartiges Geschenk.

Obwohl SMS und Mail den Gutteil des Briefverkehrs übernommen haben, sind Liebesbriefe nach wie vor ein wesentlicher Punkt.

Liebesbriefe bieten eine einzigartige Möglichkeit die eigenen Gefühle auszudrücken. Stammt der Liebesbrief von einer Person, die einem nahe steht, ist es eines der schönsten Geschenke, die man erhalten (oder machen) kann.

Liebesbriefe sorgen für das Aufblühen von Kreativität und Ideenvielfalt, die ihres gleichen sucht. Gefühle lassen sich hier wunderbar ausdrücken, Grenzen existieren hier nicht.

Gerade in unserer digitalen Zeit sticht ein eigenhändig geschriebener Liebesbrief als besonderer Liebesbeweis noch deutlich heraus als früher.

Liebesbriefe schreiben ist im Grunde simpel. Briefe verfügen über eine Grundstruktur, Liebesbriefe machen keine Ausnahmen.

Inhaltlich

Gründe für einen Liebesbrief gibt es viele. Doch was willst du damit erreichen?

Willst du ein besonderes Geschenk zum Jahrestag gestalten? Geht es dir um das Gestehen deiner Liebe? Oder soll der Liebesbrief ein schönes Geschenk zum Valentinstag werden?

Mit einem Liebesbrief bringst du deinen Willen zum Ausdruck für den anderen mehr zu sein und mehr zu machen als es "normal" und üblich ist.

Du willst deinem Schatz Persönliches schenken. Inhaltlich lass die Finger von jeglicher Art Angriff, Stichelei oder Ähnlichem. Ein Liebesbrief soll nicht weh zu tun - im Gegenteil. Er soll das Herz erfreuen. Schreib den Brief, wenn deine Stimmung passt. Sonst verschiebe das Schreiben. Bist du gut gelaunt oder verträumt kannst du dein Herz sprechen lassen.

Stil

Du kannst (und darfst) hierfür Anleihen von anderen Liebesbriefen nutzen.

Wähle Worte großer Dichter oder zitiere andere, wenn du das willst. Aber denk gut darüber nach, ob du für deinen Schatz Liebesbriefe anderer Leute komplett übernehmen willst. Immerhin sollen diese Briefe dein Herz ausdrücken und deine Worte sein, die du aufs Papier bringst.

Erzähle von deinen Gefühlen im Herzen, die dich zum Beben bringen, aber verzichte auf Floskeln.

Dramaturgie

Hast du dir Gedanken um die Kernaussage gemacht? Vernachlässige das nicht, sondern arbeite darauf hin.

Weißt du noch nicht, was du schreiben willst, schreibe nieder, was dir in den Sinn kommt.

Umschreibe Gefühle, wenn du sie nicht benennen kannst. Du kannst reinschreiben, dass es dir schwer fällt, in Worte zu fassen, was du sagen möchtest.

Es ist nicht wichtig, jetzt an der Perfektion zu arbeiten. Das kannst du später genauso machen. Schreib, was dir einfällt und später formulierst du es aus!

Form

Finger weg von zu viel Kitsch. Verzichte auf zu viel rosa und zu viele Herzen. Gute Liebesbriefe treten in Qualität, aber eher dezent auf.

Gleiches gilt für Parfums. Natürlich kannst du deinen Liebesbrief mit Parfum einsprayen. Doch ertränke das Papier nicht darin. Ein kleiner Hauch bringt weit mehr.

Zu viel Kitsch, zu viel vom guten Parfum, lässt den Liebesbrief leicht schmierig und überladen wirken.

Achte auf die Rechtschreibung. Tippe den Brief ruhig in den Computer und lass die Rechtschreibkontrolle drüber laufen. Wenn der Text passend erscheint, druck ihn aus und schreib ihn eigenhändig auf schönem Papier nach.

Liebesbrief als Teil deiner Selbst

Briefe haben bisweilen eine unglaubliche Wirkung - sowohl im positiven wie im negativen Sinn.

Wohl jeder könnte auf Rechnungen verzichten. Für den "blauen Brief" gilt das Gleiche. Die damit ausgedrückte Kündigung würde sich mancher gern ersparen.

Gräbst du in der Geschichte nach, findest du Briefe, die teilweise immensen Einfluss auf die weitere Entwicklung von Religionen, gesellschaftlichem Denken und wirtschaftlichen Handeln hatte.

Das beste geschichtliche Beispiel sind die 95 Thesen von Martin Luthers Brief an Albrecht von Brandenburg. Er kritisierte den Bischof und prangerte den Ablasshandel an. Die Thesen legte er dem Brief bei. Wie stark dieser Brief alles veränderte, ist noch heute deutlich zu sehen.

Als vor 5000 Jahren die ersten Briefe in weiche Tontafeln geschrieben wurden, die alten Ägypter ihr wertvolles Papyrus nutzten, konnten die Wenigsten lesen und schreiben. Sie waren kostbar und wertvoll.

Bereits vor 2000 Jahren endeten Briefe mit "Lebe Wohl", was soviel bedeutete wie "ich bete, es möge dir gut ergehen". Das Wort "Gruß" fügte zuerst der Athener Politiker Kleon in den Anfang ein, als er einen Brief schrieb, in dem es um den Peloponnesischen Krieg ging - genauer gesagt um den Sieg gegen die Spartaner.

Die Persönlichkeit des Briefeschreibers

Briefe zu schreiben bedeutet einen Teil seiner eigenen Persönlichkeit einfließen zu lassen. Ob du lustig, ernsthaft, traurig oder fröhlich bist, in deiner Wortwahl spiegelt sich deine Persönlichkeit. Doch die Zeichnungen und Skizzen, die du zum Text wählst oder in den Brief rein kritzelst. Alles zusammen zeigen sie einen Teil deines Ich.

Besonders deutlich wird das in einem Liebesbrief. Wenn du ihn schreibst, wird er ein Teil deiner Selbst sein, das du durch die Worte an deinen Schatz zu vermitteln versuchst.

Der anonyme Liebesbrief

Irgendwann merkst du, dass du dich in jemanden verliebt hast. Du willst dieser Person mitteilen, dass du dich verliebt hast. Dich selber outen möchtest du noch nicht. Dennoch soll diese Person wissen, dass da jemand ist, der sie / ihn liebt.

Liebesbriefe lassen sich anonym überbringen. Doch wie gehst du das am besten an?

An sich ist es ausreichend, wenn du ähnlich verfährst, als würdest du deinem Schatz gegenüber zugeben, dass du dich verliebt hast. In der anonymen Variante achtest du besser darauf, dich nicht zu verplappern. Um das zu ermöglichen, gibt es mehrere Optionen.

Gib den Liebesbrief in Auftrag

Bitte jemanden darum, den Liebesbrief für dich zu schreiben.

Kennt die Person, für die der Brief gedacht ist, deinen Schreibstil? Kennt sie typische Ausdrücke von dir? Dann bitte jemanden darum für dich den Brief eigenhändig zu schreiben. Die wenigsten können ihre eigene Handschrift ausreichend verstellen.

Natürlich kannst du zusätzlich einen professionellen Liebesbriefschreiber heranziehen.

Liebesgedichte

Entweder du schreibst selber oder wählst aus den Unmengen historischer Liebesgedichte eines aus, das für dich passend scheint.

Tipp:
Achte darauf, dass es aussagt, was du am Empfänger schätzt bzw. magst. Lass dich von jemandem beraten, der dir das richtige empfehlen kann.

Lass den Liebesbrief gegenlesen oder überarbeiten

Wenn du jemanden bei der Hand hast, der dich gut genug kennt, um deine typischen Floskeln zu entlarven, bitte ums Gegenlesen. Kleinigkeiten, wenn sie typisch für dich sind, können dich entlarven. Bitte darum, dass diese ausgetauscht werden. Schon ist der Liebesbrief nicht mehr "typisch du". Handschrift, Wortwahl und Stil können dich als Autor entlarven.

Doch erzähle nicht zu vielen von deinem Liebesbrief. Menschen neigen Geheimnisse auszuplaudern. Dazu reicht ein unbedachtes Wort an falscher Stelle.

Tipp:
Überleg dir gut, ob du einen Liebesbrief anonym verfassen willst. Er kann einem anderen Menschen zugeschrieben werden - und du gehst leer aus. Ein anonymer Liebesbrief birgt dieses Risiko in sich.

Bist du schüchtern, kann es eine Möglichkeit sein auszuloten, wie dein Schatz reagiert und tickt. Es kann dich vor Peinlichkeiten bewahren.

Ist dein Schatz glücklich vergeben, überlege dir ob du gut, ob du einen anonymen Liebesbrief verfassen willst. Sich in eine funktionierende Beziehung einzumischen kann für alle Beteiligten böse Folgen haben. Überlege dir eines - mischst du dich ein, könnte dir das gleiche Schicksal eines Tages drohen.

Denke gründlich darüber nach, bevor du schreibst!

Gib deinem / r Angebeteten die Möglichkeit dich zu kontaktieren, wenn der Brief gelesen wurde.

Biete eine Telefonnummer oder eine E-Mailadresse an. Damit bietest du die Chance auf eine entsprechende Reaktion. Ist deine Liebe an dir interessiert und findet deine Worte schön - gib ihm / ihr die Chance es dir mitteilen zu können.

Liebesbriefe zum Valentinstag

Es ist Valentinstag. Hast du ein Geschenk
für deinen Schatz?
Ob du frisch verliebt bist oder deine Liebe bekräftigen
möchtest, der Valentinstag, als Tag der Liebenden
eignet sich hervorragend für einen Liebesbrief.
Das mag kitschig sein, aber wen stört es an diesem
Tag? Am Valentinstag ist alles kitschiger.
Welcher Tag eignet sich besser um deinem Schatz dein
tiefe und aufrichtige Liebe zu gestehen? An diesem Tag
sind die Gefühle das dominante Thema. Das Risiko
milde belächelt zu werden fällt geringer aus als an
anderen Tagen.

Hier sind ein paar Vorschläge für einen passenden
Liebesbrief zum Valentinstag.

Für Paare

Egal wie viele Jahre ihr zusammen seid, wenn die Liebe
nicht mehr taufrisch ist - mit einem Liebesbrief
kannst du erreichen, dass alte Liebe zurückkehrt.
Hat dein Schatz es nach all den Jahren verdient ein paar
liebevolle Worte von dir zu vernehmen?

Zeig es und schreib einen passenden Brief. Willst du das noch toppen, übergib ihn bei einem romantischen Essen mit Kerzenlicht.

Oder, wenn es nüchterner ausfallen soll, leg ihn morgens neben die Kaffeetasse, bevor du los musst.

<u>Für Single Verliebte</u>

Welcher Tag ist besser geeignet, um deinem Schatz die Liebe zu gestehen? Vor allem, wenn der / diejenige nichts davon weiß.

Nimm dir ausreichend Zeit fürs Schreiben. Formuliere aus dem Herzen heraus und vermeide Floskeln wie "Ich liebe dich". Zu viel Witziges lass lieber in der Schublade. Bleib bei ehrlich gemeinten Worten.

Tipp:
Verstell dich nicht! Sondern sei du selbst.

Tipp:
Flechte Textstellen ein wie diese:

… gerade jetzt, in diesem Augenblick, kann ich nicht anderes, als an dich zu denken. Allein wenn ich mir dich vorstelle, schlägt mir das Herz bis zum Hals.

Wie häufig sind wir aneinander vorbeigegangen und ich sah dir schüchtern hinterher. Ich würde dich gerne näher kennenlernen ….

Biete eine Kontaktmöglichkeit (Telefon, E-Mailadresse) an. Gib noch eine kleine Geste wie eine einzelne Rose dazu. Hefte das zusammen an die Windschutzscheibe des Autos deines Schatzes oder gib ihn in den Postkasten. Warte!

Dräng nicht auf Antwort!

Liebesbrief - das passende Material

Bei Liebesbriefen kommt es auf winzigste Details an. Du willst alles möglichst perfekt gestalten.

Wichtig ist - verzichte auf zu viel Kitsch und Glitter. Verwende kein Schmierblatt aus dem Drucker.

das Papier

Was ist das erste, das dir auffällt, wenn du einen Brief bekommst? Noch vor allem anderen hast du das Papier in der Hand. Du fühlst die Dicke des Materials, spürst die Struktur und riecht es.

Wähle sorgsam aus, welches Papier, du für deinen Liebesbrief nutzt. Sicher kannst du eine Serviette aus einem Lokal für einen Liebesbrief nutzen, aber es wirkt billig. Du willst dich ins richtige Licht setzen und den besten Eindruck hinterlassen, ein Schmierzettel oder eine Serviette reichen nicht aus.

Wenn du dir nicht sicher bist, lass dich im Papierfachhandel beraten.

Tipp:
Wähl schönes Papier aus. Flecken oder Knitterstellen haben hier nichts verloren.

Zuerst zählen Optik und Erscheinungsform. Der erste Eindruck geht über das von dir gewählte Papier. Allein damit kannst du vieles erreichen.

Bedenke, dass Liebesbriefe über Jahrzehnte hinweg aufgehoben werden können. Willst du mit einem schmierigen Fetzen in Erinnerung bleiben?

Worauf ist zu achten?

Wie gut kennst du deinen Schatz? Je besser du ihn / sie kennst, umso besser kannst du das Papier wählen, das zu ihm / ihr passt.

Verzichte auf zu viel Kitsch oder gedruckte Muster / Motive. Diese mögen zwar bei Brieffreundschaften oder zum Sammeln gut ankommen, wirken leicht kindlich und

gerade bei Liebesbriefen nicht sonderlich passend.
Achte auf die Dicke des Papiers. Schwerere Papierarten
sind besser geeignet als leichtere. Denk ebenfalls an die
Oberflächenbeschaffenheit. Vergleiche Papier, das für
den Drucker genutzt wird mit rauerem Papier. Es fühlt
sich anders an.

Ein weiterer Aspekt ist der Farbton. Besonders gut
eignet sich leicht cremefarbenes Papier. Das wirkt schön
und dezent. Verzichte für Liebesbriefe auf Papiersorten
in recyclinggrau.
Im Laden hast du die Qual der Wahl. Die Auswahl wird
dir nicht leicht fallen. Doch im Großen und Ganzen liegst
du mit dezentem, leicht farbigem und eher dickerem
Papier richtig.

Schreibe das, was du sagen willst, vorher auf einen
Notizzettel. Schönes Papier ist nicht billig. Für deinen
Schatz sollte es wert sein ein paar Cent oder wenige
Euro in ein schönes Blatt zu investieren.

das Schreibmaterial

Womit schreibst du? Bevorzugst du Kugelschreiber oder
Faserliner? Nutzt du lieber Bleistifte oder noch die gute
alte Füllfeder?

Möchtest du deinen Liebesbrief durch Zeichnungen oder ein schön gestaltetes Aquarell aufwerten?Mit einer Füllfeder fährst du jederzeit gut. Die typischen Kalligrafiefedern sind eine gute Idee, wenn du Kalligrafie beherrschst.

Tipp:
Passe die Wahl des Papiers zusätzlich an die Wahl deines Schreibmaterials an.

Tipps und Tricks für den passenden Liebesbrief

Wann ist die beste Zeit fürs Schreiben?

Alles hat seine Zeit. Es gibt Zeiten, da kannst du leichter Worte formulieren als zu anderen. Bist du emotional nicht gut drauf, warte mit dem Schreiben. Fühlst du, dass es passt, nutze diese Zeit und setz dich hin. Schreibe, was dein Herz hervorsprudeln lässt.

Lass dir ausreichend Zeit! Lerne deinen Schatz erst besser kennen, bevor du einen Liebesbrief aufsetzt. Dadurch wird der Text persönlicher und besser auf deinen Schatz bezogen. Je mehr du über deinen Schatz weißt, umso besser kannst du den Brief gestalten.

Wenn dein Bauch sagt, jetzt ist der richtige Moment da, setz dich hin und notiere auf einem Notizzettel alles, was du sagen möchtest. Überschlafe es ein paar Nächte und formuliere den Brief, wie du es für richtig erachtest.

Hat dein Schatz einen Kosenamen? Sprich ihn / sie damit an.

Wie gehst du am besten vor?

Wenn du, wie viele andere, zu denen gehörst, die überarbeiten wollen, ist es sinnvoller erst auf einem Notizzettel zu notieren, was du sagen willst. Schreib auf, was dir in den Sinn kommt - Schönschreiben kannst du später.

Womit fängst du an, wenn du keine Idee hast?

Das ist kein Drama. Fehlt dir der erste Satz, das erste Wort und du sitzt vor einem leeren Blatt Papier, schreib über eure gemeinsamen Vergangenheit. Was habt zusammen erlebt oder miteinander geteilt? Das ist perfekt als Aufhänger geeignet.
Hier kannst du klassische Phrasen wie diese einfügen:
"Mein lieber Schatz, die gemeinsame Zeit mit dir war wunderbar. Ich habe sie genossen."
Gerade bei Frauen kommen solche Floskeln gut an.

Vielleicht Frauen eher zu Sentimentalitäten neigen als Männer. (Wobei das nicht den Frauen vorbehalten ist.)

Tipp:

Bezieh dich auf positive Dinge. Du willst deinen Schatz beglücken, nicht runterziehen. Nutze Vergleiche, Metaphern und verschiedene Anspielungen.

Tipp:

Nutze die emotionale und gefühlsbetonte Ebene. Beispielsweise kannst du schreiben, dass du noch ähnliches empfunden hast.

Tipp:

Schreib direkt und klar. Verzichte auf den üblichen, heißen Brei. Doch mach dir klar, dass es Menschen gibt, die gern ausschweifende Texte und Briefe lesen.

<u>Was ist die perfekte Brieflänge?</u>

Wenige Menschen lesen gern lange Briefe. Halte dich lieber kürzer. Du brauchst keinen Roman zu formulieren.

Tipp:

Wenn deine Notizen viele Seiten umfassen, sind im Normalfall Textstellen mehrmals vorhanden. Bringe die Notizen in eine für dich stimmige Reihung und streiche was du mehrmals geschrieben hast. Dadurch kannst du straffen, ohne den Kern des Gesagten zu eliminieren.

<u>Ist eigenhändig geschrieben oder via Computer besser?</u>

Willst du in Erinnerung bleiben, verschenke das Endprodukt handgeschrieben.
Natürlich spricht nichts gegen Notizen vorher. Du kannst den ganzen Brief vorab am Computer zu verfassen. Du kannst dort viel leichter herum jonglieren und neu formulieren. Außerdem kannst du zusätzlich die Rechtschreibprüfung drüber laufen lassen.
Geht es ans Eingemachte und du willst den Brief fertig gestalten, druck den von dir gestalteten Text aus. Nimm das sorgfältig ausgewählte Papier, eine Füllfeder mit passender Tinte und schreibe den Text sorgfältig ab. Dabei spielt es keine Rolle, ob du Schönschreibmeister bist, nicht. Wichtig ist, dass du dich   bemühst. Eigenhändig geschrieben macht er sich um einiges besser als ausgedruckt.

Um die Liebe geht es in den Gedichten

Die großen Dichter hinterließen vieles, das wir heute noch zu schätzen wissen. Sie schufen wahre Meisterwerke, die bis in unsere schnelle, moderne Zeit überdauerten.

Gedichte mögen nicht jedermanns Sache sein, oftmals lässt sich Liebe auf diese Art am besten ausdrücken. Nimm dir ein paar Minuten und lies, was sie schrieben. Nutze sie als Inspiration oder als Aufhänger für deinen eigenen Liebesbrief.

In den Gedichten erstrahlt die Liebe. Sie erzählen von bittersüßem Gefühl, das das Herz durchbohrt und einen um den Schlaf zu bringen in der Lage ist. Es schleudert einen in ungeahnte Höhen und Tiefen.

Einen ersten Überblick kannst du dir mittels dieser Gedichtauswahl verschaffen.

Was dich erfreut, was dich bewegt?
Adolf Böttger 1815 – 1870

Was dich erfreut, was dich bewegt,
Verschließ es treu in deiner Brust,
Der scheelen Blicke Neid erregt
Des Frohsinns blumenheitre Lust.

Das Herz, von Liebe still umhegt,
Treibt Blüt' und Früchte fort und fort,
Die keines Wetters Blitz zerschlägt,
Die keine Sommerschwüle dorrt,

Mit einer Seele, die dich liebt,
Erhaben über Menschenstreit,
Genieße, was die Erde gibt,
In seliger Verborgenheit.

Hörst du wie die Brunnen rauschen
Clemens Brentano 1778 – 1842

Hörst du wie die Brunnen rauschen,
Hörst du wie die Grille zirpt?
Stille, stille, lass uns lauschen,
Selig, wer in Träumen stirbt.
Selig, wen die Wolken wiegen,
Wem der Mond ein Schlaflied singt,
O wie selig kann der fliegen,
Dem der Traum den Flügel schwingt,
Dass an blauer Himmelsdecke
Sterne er wie Blumen pflückt:
Schlafe, träume, flieg', ich wecke
Bald Dich auf und bin beglückt.

überschüttet von deiner Glut
Max Dauthendey 1867 – 1918

überschüttet von deiner Glut,
Brechen Blüten aus meinem Blut,
Wird mein Körper ein schauernder Garten.

Warme Blumen stehen und staunen,
Tausend raunende Knospen,
Alle sehen nach dir,
Alle glühen und warten.

Mein Herz steht leer
Max Dauthendey 1867 – 1918

Der graue Tag
Legt seine Wolken an meine Brust,
Mein Herz steht leer.
Mein Herz ist dunkel und wolkenschwer,
Ich habe so lange nicht mehr geküsst,
Ich küsse so gerne.
Lippen und Seele warten auf dich,
Du Herz der Ferne.

Beim Erwachen
Joseph von Eichendorff 1788 – 1857

Tiefer ins Morgenrot versinken die Sterne alle
Fern nur aus Träumen dämmert dein Bild noch vorüber,
Und weinender tauch' ich aus seliger Flut. –

Aber im Herzen tief bewahr' ich die lieben Züge,
Trage sie schweigend durch des Tages Gewühle
Bis wieder zur stillen träumenden Nacht.

Neue Liebe
Joseph von Eichendorff 1788 – 1857

Herz, mein Herz, warum so fröhlich,
So voll Unruh und zerstreut,
Als käm über Berge selig
Schon die schöne Frühlingszeit?
Weil ein liebes Mädchen wieder
Herzlich an dein Herz sich drückt,
Schaust du fröhlich auf und nieder,
Erd und Himmel dich erquickt.
Und ich hab die Fenster offen,
Neu zieh in die Welt hinein
Altes Bangen, altes Hoffen!
Frühling, Frühling soll es sein!
Still kann ich hier nicht mehr bleiben,
Durch die Brust ein Singen irrt,
Doch zu licht ist's mir zum Schreiben,
Und ich bin so froh verwirrt.
Also schlendr' ich durch die Gassen,
Menschen gehen her und hin,
Weiß nicht, was ich tu und lasse,
Nur, dass ich so glücklich bin.

Wohin ich geh' und schaue

Joseph von Eichendorff 1788 – 1857

Wohin ich geh' und schaue,
In Feld und Wald und Tal,
Vom Berg hinab in die Aue;
Viel schöne, hohe Fraue,
Grüß ich dich tausendmal.

In meinem Garten find' ich
Viel' Blumen schön und fein,
Viel' Kränze wohl draus wind' ich
Und tausend Gedanken bind' ich
Und Grüße mit darein.

Ihr darf ich keinen reichen,
Sie ist zu hoch und schön,
Die müssen alle verbleichen,
Die Liebe nur ohnegleichen
Bleibt ewig im Herzen stehn.

Ich schein' wohl froher Dinge
Und schaffe auf und ab,
Und, ob das Herz zerspringe,
Ich grabe fort und singe,
Und grab mir bald mein Grab.

Ewigkeiten
Bruno Ertler 1889 – 1927

So beginnen Ewigkeiten ? ?

Wenn von herbstdurchbebten Bäumen
still die Blätter niedergleiten,
wenn in blauen Sehnsuchtsweiten
eines Vogels Lied verweht ? ?

Wenn ich tief in deinen Augen
deine reine Seele grüsse
und wir dann im Sonnensinken
wortlos betend heimwärts schreiten ? ?

So beginnen Ewigkeiten.

Ursachen zum Lieben
Johann Wilhelm Ludwig Gleim 1719- 1803

Ist alles voll von Liebe,
Da, wo die Karpen schwimmen,
Ist alles voll von Liebe,
Im Garten, auf den Fluren,
In Tälern, auf den Bergen,
In Stuben und in Kammern,
Auf Kanzeln und auf Thronen,

Im Himmel und auf Erden,
Ist alles voll von Liebe,
Soll denn mein Herz nicht voll sein?

Sag ichs euch, geliebte Bäume
Johann Wolfgang von Goethe 1749 – 1832

Sag ichs euch, geliebte Bäume?
Die ich ahndevoll gepflanzt,
Als die wunderbarsten Träume
Morgenrötlich mich umtanzt.
Ach, ihr wisst es, wie ich liebe,
Die so schön mich wiederliebt,
Die den reinsten meiner Triebe
Mir noch reiner wiedergibt.
Wachset wie aus meinem Herzen,
Treibet in die Luft hinein,
Denn ich grub viel Freud und Schmerzen
Unter eure Wurzeln ein.
Bringet Schatten, traget Früchte,
Neue Freude jeden Tag;
Nur dass ich sie dichte, dichte,
Dicht bei ihr genießen mag.

Meiner Liebe Flammen
Heinrich Heine 1797 – 1856

Ich hab dich geliebt und liebe dich noch!
Und fiele die Welt zusammen,
Aus ihren Trümmern stiegen doch
Hervor meiner Liebe Flammen.

An die Geliebte
Eduard Mörike 1804 – 1875

Wenn ich, von deinem Anschaun tief gestillt,
Mich stumm an deinem heilgen Wert vergnüge,
Dann hör ich recht die leisen Atemzüge
Des Engels, welcher sich in dir verhüllt.

Und ein erstaunt, ein fragend Lächeln quillt
Auf meinem Mund, ob mich kein Traum betrüge,
Dass nun in dir, zu ewiger Genüge,
Mein kühnster Wunsch, mein einzger, sich erfüllt?

Von Tiefe dann zu Tiefen stürzt mein Sinn,
Ich höre aus der Gottheit nächtger Ferne
Die Quellen des Geschicks melodisch rauschen.

Betäubt kehr ich den Blick nach oben hin,
Zum Himmel auf ? da lächeln alle Sterne;
Ich knie, ihrem Lichtgesang zu lauschen.

Liebeslied
Christian Morgenstern 1871 – 1914

Ich bin eine Harfe
Mit goldenen Saiten,
Auf einsamem Gipfel
über die Fluren
Erhöht.

Du lass die Finger leise
Und sanft darübergleiten,
Und Melodien werden
Aufraunen und aufrauschen,
Wie nie noch Menschen hörten.
Das wird ein heilig Klingen
über den Landen sein.

Ich bin eine Harfe
Mit goldenen Saiten,
Auf einsamem Gipfel
über die Fluren
Erhöht,
Und harre Deiner,

Oh Priesterin!
Dass meine Geheimnisse
Aus mir brechen

Und meine Tiefen
Zu reden beginnen
Und wie ein Mantel
Meine Töne
Um Dich fallen –
Ein Purpurmantel
Der Unsterblichkeit.

Diese Rose von heimlichen Küssen schwer
Christian Morgenstern 1871 – 1914

Diese Rose von heimlichen Küssen schwer:
Sieh, das ist unsre Liebe.
Unsre Hände reichen sie hin und her,
unsre Lippen bedecken sie mehr und mehr
mit Worten und Küssen sehnsuchtsschwer,
unsre Seelen grüßen sich hin und her –
wie über ein Meer – wie über ein Meer –
Diese Rose vom Duft unsrer Seelen schwer:
sieh, das ist unsre Liebe.

Leere
Christian Morgenstern 1871 – 1914

Mein Herz ist leer,
ich liebe dich
nicht mehr.

Erfülle mich!
Ich rufe bitterlich
nach dir.

Im Traume zeig
dich mir
und neig
dich zu mir her!

Erfülle mich
mit dir
auf ewiglich!

Ich trag's nicht mehr, –
ich liebe dich
zu sehr.

Mein Herz kommt zu dir ?
Christian Morgenstern 1871 – 1914

Es ist Nacht,
und mein Herz kommt zu dir …,
hält's nicht aus,
hält's nicht aus mehr bei mir.

Legt sich dir auf die Brust,
wie ein Stein,
sinkt hinein,
zu dem deinen hinein.

Dort erst,
dort erst kommt es zur Ruh,
liegt am Grund
seines ewigen Du.

Lebensluft
Christian Morgenstern 1871 – 1914

Freiheit!
Freiheit!
Nur keine Liebe,
die ich nicht will,
nur keine Vogelschlingen
mich Liebender,

nur kein Handauflegen
den leichten Flügeln
der Seele!

Denn alle Liebe
will besitzen,
und ich
will nicht
besessen sein.

O Mensch! Gib acht ?
Friedrich Nietzsche 1844 – 1900

Was spricht die tiefe Mitternacht?
Ich schlief, ich schlief -,
Aus tiefem Traum bin ich erwacht: –
Die Welt ist tief,
Und tiefer als der Tag gedacht,
Tief ist ihr Weh -,
Lust – tiefer noch als Herzeleid:
Weh spricht: Vergeh!
Doch alle Lust will Ewigkeit -,
– will tiefe, tiefe Ewigkeit!

Bei dir ist es traut
Rainer Maria Rilke 1875 – 1926

Bei dir ist es traut:
Zage Uhren schlagen
wie aus weiten Tagen.
Komm mir ein Liebes sagen-
aber nur nicht zu laut.

Ein Tor geht irgendwo
draußen im Blütentreiben.
Der Abend horcht an die Scheiben.
Lass und leise bleiben:
Keiner weiß und so.

Engel umschweben uns
Friedrich Rückert 1788 – 1866

Engel umschweben uns,
Wo wir auch gehn,
Engel umgeben uns,
Wie wir uns drehn.
Doch wir erkennen sie
Nicht in dem Licht,
Und zu benennen sie
Wissen wir nicht.
Selber zu blenden uns

Scheinet der Glanz,
Wir von ihm wenden uns
Halb oder ganz.
Aber nun haben wir
Engel ein Paar,
Denen ja gaben wir
Namen fürwahr.
Und nicht vergaßen wir:
Wirklich einmal

Selber besaßen wir
Leiblich den Strahl.
Sollten wir wenden uns
Ab von dem Glanz?
Sollten verblenden uns
Halb oder ganz?
Nein! wir erkennen euch
Freudig im Licht,
Und zu benennen euch
Zweifeln wir nicht.
Lächelnd ihr gebet uns
Wohl zu verstehn,
Dass ihr umschwebet uns,
Wo wir auch gehn.

Zitate aus Liebe geboren

Wie du siehst dreht sich vieles in der Literatur um Liebe -
und den daraus folgenden Konsequenzen.

Da bleibt es nicht aus, dass sich im Lauf der Zeit Zitate
angesammelt haben, die du gut für deinen Liebesbrief
nutzen kannst.

Kommen diese hier dir bekannt vor?

Besonders gut eignen sie sich für den Einstieg oder den
Abschluss eines Liebesbriefes.

A

Dante Alighieri

Wenn du Liebe hast, spielt es keine Rolle, ob du
Kathedralen baust oder in der Küche Kartoffeln schälst.

Julie Andrews

Wenn einem Treue Spaß macht, dann ist es Liebe.

Thomas von Aquin

Unser Leben kann nicht immer voller Freude, aber
immer voller Liebe sein.

Ernst Moritz Arndt

Die Liebe ist die Schöpferin und Meisterin aller Dinge
und Gottes älteste Gesellin.

Theresa von Ávila

Ich vermag nicht einzusehen, wie man Demut ohne
Liebe oder Liebe ohne Demut haben könne.

B

Honoré de Balzac

Ohne Glauben an ihre Dauer wäre die Liebe nichts, nur Beständigkeit macht sie groß.

Honoré de Balzac

Das Wesen wahrer Liebe lässt sich immer wieder mit der Kindheit vergleichen. Beide haben die Unüberlegtheit, die Unvorsichtigkeit, die Ausgelassenheit, das Lachen und das Weinen gemeinsam.

Otto von Bismarck

Es ist ein Vorteil des Altwerdens, dass man gegen Hass, Beleidigungen und Verleumdungen gleichgültig wird, während die Empfänglichkeit für Liebe und Wohlwollen stärker wird.

Napoleon Bonaparte Alexander der Große, Cäsar und ich, wir haben große Reiche gegründet durch Gewalt, und nach unserem Tode haben wir keinen Freund. Christus hat sein Reich auf Liebe gegründet, und noch heutzutage würden Millionen Menschen freiwillig für ihn in den Tod gehen.

Clemens Brentano

Die Liebe allein versteht das Geheimnis andere zu beschenken und dabei selbst reich zu werden.

Clemens Brentano

Adam und Eva haben's Lieben erdacht, ich und mein Schätzle haben's auch so gemacht.

Wilhelm Busch
Die Summe unseres Lebens sind die Stunden, in denen wir liebten.

C

Adelbert von Chamisso
Wer sich in Demut liebend hingegeben, der dient und herrscht zugleich.

Adelbert von Chamisso
Das Glück ist die Liebe, die Lieb' ist das Glück, ich hab' es gesagt und nehm's nicht zurück.

Adelbert von Chamisso
Die Lieb umfasst des Menschen volles Leben, sie ist sein Kerker und sein Himmelreich. Wer sich in Demut liebend hingegeben, der dient und herrscht zugleich.

D

Charles Dickens
Gibt es schließlich eine bessere Form, mit dem Leben fertig zu werden, als mit Liebe und Humor?

Fjodor Dostojewski
Einen Menschen lieben heißt, ihn so zu sehen, wie Gott ihn gemeint hat.

E

Marie von Ebner-Eschenbach
Wenn wir eine Freude ganz ungetrübt genießen sollen, muss sie einem Menschen zuteilwerden, den wir lieben.

Albert Einstein
Am Anfang gehören alle Gedanken der Liebe. Später gehört dann alle Liebe den Gedanken.

F

Ludwig Feuerbach
Wo keine Liebe ist, ist auch keine Wahrheit.

G

Mahatma Gandhi
Liebe ist die stärkste Macht der Welt, und doch ist sie die Demütigste, die man sich vorstellen kann.

Mahatma Gandhi
Du und ich: Wir sind eins. Ich kann dir nicht wehtun, ohne mich zu verletzen.

Johann Wolfgang von Goethe
Freudvoll und leidvoll, gedankenvoll sein; langen und bangen in schwebender Pein; himmelhoch jauchzend, zu Tode betrübt:

Johann Wolfgang von Goethe
Glücklich allein ist die Seele, die liebt.

Johann Wolfgang von Goethe
Freiwillige Abhängigkeit ist der schönste Zustand, und
wie wäre der möglich ohne Liebe?

Johann Wolfgang von Goethe
Die erste Liebe, sagt man mit Recht, sei die einzige,
denn in der zweiten und durch die zweite geht schon der
höchste Sinn der Liebe verloren.

Johann Wolfgang von Goethe
Sonne kann nicht ohne Schein, Mensch nicht ohne Liebe
sein.

H

Hermann Hesse
Glück ist Liebe, nichts anderes. Wer lieben kann, ist
glücklich.

Heinrich Heine
Wenn ich bei meiner Liebsten bin, dann geht das Herz
mir auf; dann bin ich reich in meinem Sinn und biet' die
Welt zum Kauf.

K

Franz Kafka
Die Liebe ist so unproblematisch wie ein Fahrzeug.
Problematisch sind nur die Lenker, die Fahrgäste und
die Straße.

Konfuzius
Was du liebst, lass frei. Kommt es zurück, gehört es dir - für immer.

L

Jack London
Wenn es dir möglich ist, mit nur einem kleinen Funken die Liebe in der Welt zu bereichern, dann hast du nicht umsonst gelebt.

M

Meister Eckhart
Ein Weiser wurde gefragt, welches die wichtigste Stunde sei, die der Mensch erlebt, welches der bedeutendste Mensch der ihm begegnet, und welches das notwendigste Werk sei. Die Antwort lautete: Die wichtigste Stunde ist immer die Gegenwart, der bedeutendste Mensch immer der, der dir gerade gegenübersteht, und das notwendigste Werk ist immer die Liebe.

N

Friedrich Nietzsche
Was aus Liebe getan wird, geschieht immer jenseits von Gut und Böse.

Friedrich Nietzsche
Liebe und Hass sind nicht blind, aber sie sind geblendet von dem Feuer, das sie selber mit sich tragen.

P

Platon
Liebe ist in dem, der liebt, nicht in dem, der geliebt wird.

S

Franz von Sales
Das Maß der Liebe ist die Liebe ohne Maß.

Franz von Sales
Die Liebe ist unter den Tugenden, was die Sonne unter den Sternen: Sie gibt ihnen Glanz und Schönheit

Antoine de Saint-Exupéry
Wenn Liebe einmal gekeimt hat, treibt sie Wurzeln, die nicht mehr aufhören zu wachsen.

Antoine de Saint-Exupéry
Ich werde die wiedersehen, die ich auf Erden geliebt habe, und jene erwarten, die mich lieben.

Antoine de Saint-Exupéry
Liebe besteht nicht darin, dass man einander anschaut, sondern dass man gemeinsam in dieselbe Richtung blickt.

Seneca der Jüngere
Willst du geliebt werden, so liebe!

Seneca der Jüngere
Es gibt nur eine Kette, die uns gefesselt hält, nämlich die Liebe zum Leben.

Friedrich Schiller, Leben (2003), aus "Stille"
Wo sich Wahrheit und Phantasie begegnen, da ist das höchste menschliche Gefühl. Wir nennen es Liebe.

Friedrich Schiller
Raum ist in der kleinsten Hütte für ein glück liebend' Paar.

Arthur Schnitzler
Alles, was die Seele durcheinander schüttelt, ist Glück.

William Shakespeare, aus "Troilus und Cressida"
Das ist das Ungeheure in der Liebe, meine Teure, dass der Wille unendlich ist und die Ausführung beschränkt; dass das Verlangen grenzenlos ist, und die Tat ein Sklave der Beschränkung.

William Shakespeare
Zweifle an der Sonne Klarheit, zweifle an der Sterne Licht, zweifle, ob lügen kann die Wahrheit, nur an meiner Liebe nicht.

Theodor Storm
Das ist das größte, was dem Menschen gegeben ist, dass es in seiner Macht steht, grenzenlos zu lieben.

T

Rabindranath Tagore

Das Geschenk der Liebe kann man nicht geben. Es wartet darauf, angenommen zu werden.

Leo Tolstoy

Man kann ohne Liebe Holz hacken, Ziegel formen, Eisen schmieden. Aber man kann nicht ohne Liebe mit Menschen umgehen.

Kurt Tucholsky

Das ist schwer: Ein Leben zu zwein. Nur eins ist noch schwerer: einsam sein!

V

Vergil

Alles besiegt die Liebe.

Vergil

Die Liebe überwindet alles, und wir beugen uns ihrer Macht.

Voltaire

Die Liebe ist ein Stoff, den die Natur gemacht und die Phantasie bestickt hat.

Vorlagen und Ideen für deine persönlichen Liebesbriefe

Liebesbriefe sollen von Herzen kommen. Wenn
es dir schwer fällt, Passendes zu schreiben,
lass dich von Liebesbriefen inspirieren, die es gibt.
Doch schreib Liebesbriefe anderer nicht ab. In den
meisten steckt viel Herzblut und Liebe. Würdige das!
Außerdem kennt dein Schatz deinen Stil gut. Wie toll
kommt es da, wenn du einen Brief abkupferst?
Nimm vorhandene Liebesbriefe als Vorlagen.
Wenn du nicht weiterweißt,
wie du deinen eigenen schreiben sollst, findest du hier
Ideen, die du für dich selber gut nutzen und umsetzen
kannst.

Wähle die passenden Textstellen, schreibe sie mit
eigenen Worten neu.
Inspirationen lassen sich überall finden.
Ein paar Beispiele als Inspirationsquelle findest du hier.

Du Dosenöffner!

Zuerst sah ich dich mit Skepsis an, als du in MEIN Reich gekommen bist. Ich ließ dich nicht aus den Augen, schlich ständig um dich herum – du warst fremd hier. Noch dazu, wie du permanent um meinen Dosenöffner mit dem langen Fell herum geschlichen bist! Was hast du mit ihr gemacht, dass sie ständig aus dem Häuschen war, wenn sie dein Foto ansah?

Was hast du getan, dass sie so gestrahlt hat, als du sie hieltest?

Dann brachtest du mir auch mal Leckereien mit, die eine Dose mit dem Thunfisch. Na gut. Ich hab dir in dem Moment das Klauen der Aufmerksamkeit zumindest begonnen etwas nachzusehen.

Als ich dann merkte, wie MEIN Dosenöffner dich ansah und berührte (und du mir immer wieder was mitgebracht hast), da ließ ich euch mal beide allein für einen Augenblick. Und kaum hab ich es mir gedacht, wart ihr auch schon auf der Couch und habt gekuschelt, während wieder mal etwas in dem komischen Kasten seltsame Geräusche machte.

Also echt jetzt!

Aber weißt du, ich merkte, dass du ihr gut tatest. Und das freute mich. Ich sah, wie sie gut drauf war, wie sie mir auch immer mehr feineres zu essen gab und sich mehr um mich kümmerte. Als sie mich dann in den Kobel packte, meinen pfotigen Mitbewohner ebenfalls mitnahm und wir bei dir dann aus dem Kobel durften, das war ein Hallo. Du hattest ja auch so einen Fellhaufen im Zimmer.

Und immer rocht ihr nacheinander – das war erst irritierend, aber im Grunde …

Jetzt hab ich dich längst in mein Herz geschlossen und erlaube dir, dich mit meinem Dosenöffner näher zu befassen. Ja, du hast meine Erlaubnis, denn sie ist immer so glücklich, wenn du bei ihr bist.

Darum erlaube ich es dir! Weißt du, du tust ihr gut – und ich denke, sie hat in dir etwas gefunden, das ihr so lange gefehlt hat.

Miau!

Für eine Goldene Hochzeit

Mein Liebling,

wir haben 50 gemeinsame Jahre,
voller Höhen und Tiefen, zusammen
geschaffen, was einem Paar möglich
ist. Zusammen erreicht, brachte keiner
uns jemals auseinander.

Sei stolz auf das, was ihr erreicht
habt, denn die Zeit ist kurz,
verschwunden wie ein Vogel ins
Irgend. Wir haben erreicht, wovon
viele . zu träumen wagen - eine halbe
Ewigkeit mit dem gleichen Menschen
an der Seite zusammen durch die

Freuden und den Kummer des Daseins gehen, zusammen halten und miteinander verbunden ein Leben.

Wir, zwei miteinander verbundenen Seelen, denen die ganze Ewigkeit nichts anzuhaben vermochte, feiern . unseren Jahrestag. Es ist unser Festtag der Freude und der Liebe.

Wir sind wie ein mächtiger Baum, dessen Blätter weit in den Himmel hineinragen. Jedes Blatt, einer gemeinsamen Erinnerung gleich. Blätter mögen welk werden und abfallen. Erinnerungen mögen verblassen und vergessen werden, doch der Stamm bleibt stolz und stark stehen.

Mutig, vielleicht auch etwas unsicher,, haben wir uns gemeinsam ins Fahrwasser gestürzt, voller Hoffnung auf die Zukunft. Wie ein Schiff durch die Fluten bisweilen tingelte und der Wind die Segel straffte und voran stieß, so war unser Leben. Manchmal hektisch, manchmal blieb eine Flaute und ließ uns am gleichen Platz stehen.

Immer wieder hieß es Anker setzen und unser gemeinsames Leben neu ausrichten. Doch wir waren stets zuversichtlich und haben zusammen die schwersten Klippen umschifft.

Wir können stolz auf uns sein - auf uns und unser gemeinsames Schaffen. In den Jahren sind wir ruhiger geworden - und haben weiterhin weiterhin Großartiges geschaffen - ein Heim, eine Familie und Enkel, die stolz sind, uns Oma und Opa nennen zu dürfen.

Wenn ich mir die alten Fotos von einst ansehe und uns mit heute vergleiche, so ist noch immer das gleiche Glitzern in den Augen zu sehen, auf das ich so stolz war. Es ist immer noch das gleiche Lächeln auf deinen Lippen, inniger und verliebter als zu Beginn.

Ich habe dich, einen anderen Menschen an mein Herz gelassen. Wir haben einander selber verletzlich gemacht, indem wir uns geöffnet haben.

Ich liebe dich wie nie zuvor.

Dein .....

Für dich,

manchmal, wenn ich an dich denke,
spüre ich wie nahe du mir bist.
Ich sehe dich, wenn ich meine Augen
schließe, ich fühle deinen Herzschlag,
auch wenn du am anderen Ende der
Stadt wohnst.

In meinen Träumen sind wir längst ein
Paar. Du und ich, Hand in Hand,
wie wir den Weg gemeinsam gehen.

Manchmal, da möchte ich es in die
Welt hinausschreien und weiß doch,
ich sollte schweigen, denn du weißt

nicht, wie ich empfinde. Weißt du, dass du mein Herz gestohlen hast?

Wann und wo, das weiß ich nicht, aber, du hast es mir genommen hast und es an deins gekettet hast. Ich ließ es zu, weil ich für dich so unendlich viel empfinde. Ohne dich fühle ich mich leer und einsam. Erst, wenn du in meiner Nähe bist, wenn ich dich nahe bei mir spüre, dann beginnt die Sonne zu scheinen.

Denn du bist das Licht in meinem Leben, du bist der Vollmond, der mir leuchtet.

Es gibt Tage, da ist alles nur kahl und grau, dann bist du weit, weit weg. Dabei ist es gleich, ob du "nur" im nächsten Zimmer bist, oder am anderen Ende der Erdkugel. An diesen Tagen schreit alles in mir – lass mich zu dir.

Weißt du, wie schwer es ist, ohne dich zu sein? Kannst du erahnen, was in mir vorgeht, wenn du nicht da bist?

Mein Schatz, ich vermisse dich, in gerade diesem, einen Moment! Komm bald zu mir zurück.

In Liebe

Lust und Liebe

Die körperliche Liebe

Anfangs wirst du von deinem Schatz nicht genug bekommen - umgekehrt ebenso. Doch mit der Zeit setzt ein Gewöhnungsfaktor ein, der eine Beziehung ordentlich auf die Probe stellen kann.

Tipp:
Redet miteinander und sprecht über eure Wünsche im Bett. Jeder von euch hat eigene Bedürfnisse. Versucht sie einander gut zu erfüllen. Sonst können Frust und Fremdgehen die Konsequenz sein.

Natürlich gibt es Zeiten ohne Höhenflüge im Bett, umso wichtiger ist es auf den anderen einzugehen.

Es gibt viele Ratgeber, die meinen, man muss auf der aktuellen Welle mit schwimmen und alles Mögliche ausprobieren. Wenn ihr gern experimentiert, tut das – wenn nicht, lasst euch nicht "zwingen". Viel wichtiger ist, dass ihr miteinander harmoniert!

Alles andere – die ganzen „Zwänge" von wegen ihr „müsst" das oder jenes Ausprobieren bringt mehr Zoff als Zufriedenheit.

Ob ihr eher klassisch oder experimentierfreudig seid –
wenn ihr am gleichen oder ähnlichen Level agiert, habt
ihr die besten Chancen.

Begehre deinen Schatz

Stell dir vor, du hast seit vielen Jahren eine großartige
Beziehung. Alles ist wunderbar. Ihr kommt super
miteinander aus, jeder hat genug Freiraum.

Natürlich ist die rosarote Brille weg, sind Kinder, da um
die ihr euch kümmern müsst. Vielleicht habt ihr
anstrengende Jobs. Ihr tut was ihr könnt um ein
glückliches Leben zusammen zu haben und spürt
deutlich - das kann nicht alles sein.

Im Bett ist Flaute! - Woran denkst du, könnte das
liegen?

Liegt es an Erschöpfung, am Job, dem anstrengenden
Alltag oder den fordernden Kindern? Was wenn ihr das
alles abgecheckt habt? Was, wenn es daran nicht liegt?
Was könnte der Grund sein?

Solche Phasen macht jede Beziehung durch - da
brauchst du dir keine Illusionen machen und keine Panik
schieben. Wichtig ist jetzt, wie geht ihr damit um?

Mit den Jahren schwindet das Begehren deinem Partner gegenüber. Die rosarote Brille ist weg, die Sorgen des Alltags kommen, du bist müder - das alles wirkt sich auf die Liebe aus. Vergiss die Macht der Gewohnheit nicht. Diese spielt ebenfalls stark mit rein.

<u>Hier gilt es gegenzuhalten!</u>

Menschen sind von Natur aus narzisstisch veranlagt. Der eine mehr, der andere weniger. Sind Paare länger zusammen passiert es, dass sie sich nicht mehr für den anderen herrichten oder hübsch machen.

Zeig deinem Schatz, wie du ihn / sie noch nach Monaten oder Jahren begehrst. Das ist wichtig für das Ego. Wer vom eigenen Partner nach langer Zeit noch begehrt wird, fühlt sich aufgehoben und angenommen. Das hält eine Liebe jung.

Wenn es in einer Beziehung kriselt, ist das "Sich-gehen-Lassen" mit schuld dran. Wer nach Jahren noch seinem Schatz sagt, wie toll er / sie aussieht und ihm / ihr zeigt, wie stark das Begehren noch vorhanden ist, der / die darf sich über Beziehungsglück weit mehr freuen.

Tipp:
Unternehmt öfters was gemeinsam. Geht romantisch

essen oder überrasche deinen Schatz mit einem leckeren, frisch gekochten Abendessen, wenn der müde Partner heimkommt.

Zieh dich genauso schön an, als würdest du dich das erste Mal mit ihm / ihr treffen wollen -zeig ihm / ihr, wie wichtig er / sie für dich noch ist.

In einer Beziehung, die lange dauert, kann es passieren, dass sich die Partner nicht mehr ihrer Selbst willen begehrt fühlen. Das lässt Gefühle füreinander erkalten. Glaubt man, für den anderen nicht mehr attraktiv zu sein, ist eine Flaute im Bett noch eine Zeitfrage.

Wo innerhalb einer Beziehung keine Bestätigung fürs Ego erfolgt, wird es leicht außerhalb geholt. Frauen sind da keinen Deut besser als Männer.

Die Sache mit der Treue

Es ist eine eigenartige Zeit.
Einerseits wird einem eingeredet offen zu sein, am besten für alles und jeden. Fremdgehen und Seitensprünge sind (gerade für Frauen) leicht zu bekommen. Andererseits gibt es Trendbewegungen mit dem Kern "warten bis zur Hochzeit".

Frag dich selber - was willst du von deinem Partner?

Wie wichtig ist dir Treue? Bist du ein monogamer Mensch oder eher offen(herziger)?
Treue ist ein wichtiger Punkt in einer Beziehung - das sieht nicht jeder gleich. Es gibt genug Beziehungen, die offen geführt werden oder in denen die Partner einander betrügen.

Gewiss, Versuchungen wird es bis ins hohe Greisenalter geben. Willst / wirst du ihnen nachgeben? Natürlich spielen viele Faktoren wie
Stress, Müdigkeit, Erschöpfung oder Kinder mit rein. Funktioniert eine Beziehung gut, stellen Versuchungen eine Gefahr dar.

Kläre mit dir selber ab, wie wichtig ist dir Treue?
Es ist wichtig, das am Anfang einer Beziehung zu klären. Wie steht ihr beide zur Treue? Es bringt herzlich wenig, wenn einer eine offene Beziehung führen, der andere Treue haben will.
Auf Dauer kriegt ihr euch damit in die Haare oder Fremdgehen ist vorprogrammiert. Trotzdem ist es sinnvoll zu Beginn einer Beziehung offen darüber zu reden. Klärt es ab - und haltet euch daran!

Angenommen ihr wollt einander treu sein und bleiben. Gratuliere! Das ist ein erster Schritt einer gemeinsamen Entscheidung. Haltet euch daran! Ändern sich Bedürfnisse im Lauf der Zeit, sprecht ein weiteres Mal miteinander darüber. Aber haltet euch IMMER an die Abmachungen!

Tipp:

Die Treue auf Dauer wird euch leichter fallen, wenn ihr füreinander interessant bleibt. Das heißt, richtet euch öfters her für euren Schatz, begehrt ihn / sie, kümmert euch um ihn / sie.
Untreue fängt dort an, wo man / frau das eigene Ego anderweitig bestätigt braucht, weil es zu Hause keine Bestätigung mehr bekommt.

nach der

rosaroten

Brille

wie funktioniert es auf Dauer?

Wie haben deine Eltern und Großeltern ihre Beziehung / Ehe gelebt? Bist du in einer Patchworkfamilie aufgewachsen oder im Heim? Wie sieht es in deinem aktuellen und früheren Umfeld aus?
Ältere Generationen kennen es nicht anders, als Ehen, die bis zum Tod gingen. Inzwischen hat sich dahin gehend viel verändert. Viele leben mit einem "Lebensabschnittspartner" eine Zeit eine Beziehung aber wünschen sich Liebe für die Ewigkeit.

Möchtest du eine Beziehung, die Höhen und Tiefen standhält? Willst du mit deinem Schatz alt werden? Wenn ja, seid ihr BEIDE gefordert. Es kann nicht funktionieren, wenn ein Ungleichgewicht aus Geben und Nehmen besteht. Eine Beziehung ist geben und nehmen von beiden Seiten. Eine gute Beziehung erfordert Aufmerksamkeit und Arbeit. Immerhin wachst ihr aneinander und miteinander.

Dein Partner ist wichtig, egal wie lange ihr schon zusammen seid!

Über die Jahre hinweg verändern sich Menschen und ihre Gefühle füreinander. Doch wenn ihr einander

zuhört und Aufmerksamkeit schenkt –euch kleine
Geschenke macht und für den anderen herrichtet –
habt ihr gute Chancen, dass ihr lange zusammen sein
werdet.

Freiraum

Lasst einander genügend Freiraum. Egal wie
stark ihr euch liebt, die wenigsten mögen einen Partner,
der wie eine Klette an ihm / ihr hängt. Gib deinem Schatz
ausreichend Freiraum und vertrau ihm / ihr.

Spontanität

Lasst euch vom Alltag nicht zu stark vereinnahmen. Die
Routine kommt ohnehin, und gerade wenn Kinder da
sind, oder die Arbeit die Spontanität zu erwürgen droht,
ist es schwer nicht im Trott zu ertrinken.
Wenn es euch leichter fällt, dann plant gemeinsame Zeit
miteinander - und haltet euch daran!

Ihr könnt gemeinsam essen gehen – zusammen und in
Ruhe. Lasst eure Liebe aufleben.
Selbst in stressigsten Zeiten findet sich ein Moment für
eine kurze Umarmung oder ein schönes Kompliment.

Abenteuerlust

Bringt Begeisterung und Abenteuer in euer Leben!
Adrenalin ist eine großartige Sache, es lässt einen
spüren, dass man lebt. Unternehmt gemeinsam Neues,
wenn ihr könnt!
Sag ja, wenn dein Schatz Neues vorschlägt, kann gut
sein, dass es dir gefällt.

Freunde und Familie

Unterschätze das Umfeld nicht. Jeder ist in einem
sozialen Netz. Beginnst du eine Romanze oder Liebe,
werden gern die Freunde oder die Familie nach der
Meinung gefragt, wie du ankommst. Du wirst es genauso
machen.

Sei höflich und freundlich. Gib dir Mühe, davon hängt
vieles ab. Ihr werdet euch zwar nicht wie bei Romeo &
Julia gleich vergiften müssen, weil die Familie nicht
einverstanden ist. Trotzdem solltest du das nicht
unterschätzen. Versuche einen Draht zu finden – egal
wie schwer das sein mag.
Sei bei Familienfeiern anwesend – und
beschwer dich nicht darüber. Du
kannst dich mit deiner Familie und deinen Freunden
revanchieren.

Unabhängigkeit bewahren

Das kennt jeder. Man will jede freie Minute mit dem anderen zubringen. Kann es sein, dass der / die andere sich eingeschnürt vorkommt?

Jeder braucht ein gewisses Maß an Freiraum. Finde heraus, wo er bei euch ist – und gewähre diesen. Du musst nicht ständig an deinem Schatz kleben -
außer ihr wollt das beide!

Wenn getrennte Freundeskreise vorhanden sind, lern deinem Schatz zu vertrauen. Manch einer tut sich schwer damit, aber die "lange Leine" ist weit besser für Ehrlichkeit und Vertrauen, als ständiges Hinterher schnüffeln.

Eifersucht

Hartes Thema.

Die Eifersucht ist eine Leidenschaft, die mit Eifer sucht, was Leiden schafft.

Kennst du den Spruch?

Ehrlich? Lass es bleiben!

Eifersucht brennt zwar unter den Nägeln brennt – lass sie nicht alles dominieren! In vielen Paaren entsteht Fremdgehen erst durch Eifersuchtsanfälle.

Natürlich kann Eifersucht schön sein, du fühlst dich geschmeichelt, weil es ein Zeichen ist, dass du deinem Schatz wichtig bist - lass das nicht zum dominierenden Thema werden. Folgen können Überwachungslust, Spionieren und ein Rosenkrieg sein.

Eifersucht ist bis zu einem gewissen Grad gut, geht sie drüber hinaus ist es sinnvoll, wenn ihr euch ernsthaft miteinander unterhaltet!

Vertrauen

In eine Beziehung gehört Vertrauen! Könnt ihr einander nicht vertrauen, ist es schwer eine gute Beziehung auf lange Zeit halten zu können.

Dein Schatz ist nicht selbstverständlich

Einmal beeindrucken und das war es?
Mitnichten!

Zu einer guten Beziehung gehört es, sich auch nach Jahren noch um den anderen zu bemühen. Das festigt ein starkes Band zwischen euch beiden!

Selbst, wenn gerade alles super läuft, leg deinem Schatz ab und an eine Schachtel mit Süßem oder eine Rose aufs Kissen. Bring ein kleines Geschenk mit, küss deinen Schatz auf die Stirn - es gibt vieles, das wenig oder nichts kostet, aber deinem Schatz wichtig ist.

Frauen wie Männer wollen ständig erobert werden. Machst du das nicht, wendet sich dein Schatz leichter einem / r anderen zu.

Wichtig ist, dass regelmäßig frischer Wind in die Beziehung gebracht wird. Dabei ist es egal, ob ihr beide anstrengende Jobs oder Kinder in der Beziehung habt. Wichtig ist es, für den anderen da zu sein und ihn nicht als normal hinzunehmen.

<u>Was könnt ihr tun?</u>

- Bring deinen Schatz zum Lachen – das gefällt dir, wenn dein Schatz lacht, oder nicht?
- Sei selbstbewusst sein – du hast deinen Schatz erobert, warum willst du jetzt damit aufhören?
- Bewahre dein eigenes Leben, lasst euch beiden ausreichend Freiräume.

- Mach regelmäßig Komplimente – achte darauf, dass sie auf deinen Schatz bezogen sind.
- Hat dein Schatz einen Traum? Wenn ja, hilf bei der Erfüllung dieses Traumes.
- Verstell dich nicht! Sonst liebt dein Schatz deine Hülle, nicht dich!

Alltagsprobleme

Wenn du in einer Beziehung bist und mit deinem Schatz länger zusammenlebst, wirst du erleben, dass sich schrittweise kleinere oder größere Probleme auftun. Das mag der Müll sein, den keiner gern mitnimmt oder das Geschirr, das in der Abwasch eintrocknet. Es können unterschiedliche Lebensgewohnheiten sein, die dem anderen allmählich gewaltig am Keks gehen.

<u>Wie geht ihr damit um?</u>

Gleich vorweg – Beziehung ist Arbeit!
Von nichts kommt nichts – ohne daran zu arbeiten, wird sich eine Beziehung bald verkomplizieren.
Erwartet euch keine Wunder.
Im Regelfall wird erwartet, dass die Arbeit zumindest annähernd geteilt wird. Viele möchten die klassische Aufteilung nicht haben, wo die Frau zu Hause alles

macht und der Mann bequem die Füße hochlegt.

Zur Ehrenrettung der Männer muss gesagt werden, dass viele von ihnen gern helfen würden. Manche Frauen wollen ihr eigenes Reich bewirtschaften und klagen anschließend, warum sie keine Hilfe bekommen. Dabei haben sie selber das Angebot ausgeschlagen.

Tatsache ist, dass es einheitlichen Modelle mehr gibt. Du bekommst verschiedene Modelle in deinem Kreis vorgelebt - mit deinem Schatz solltest du ein für euch passendes Modell finden. Was für andere richtig ist, muss es für euch noch lange nicht sein. Am besten findest du das raus, wenn ihr darüber redet. Klärt ab, wie ihr euch das vorstellt. Optimal ist es, wenn ihr eine tolle Lösung findet, die euch beiden gerecht wird.

Geh nicht davon aus, dass dein Partner automatisch erkennt, was du möchtest oder wie du dir eine Beziehung vorstellst, wenn es um den Alltag geht! Gut bewährt haben sich einfache Aufteilungen der anfallenden Lasten.

- Möglichkeit 1:
  Ein Part geht arbeiten, der andere Part kümmert

sich um den Haushalt und Kinder, wenn welche
da sind.

- Möglichkeit 2:
  Beide gehen Vollzeit arbeiten und teilen sich die
  Hausarbeiten zu gleichen Teilen.
- Möglichkeit 3:
  Einer macht Teilzeit und übernimmt den Großteil
  der häuslichen Pflichten allein, der zweite
  unterstützt.
- Möglichkeit 4:
  Es gibt Unterstützung von außerhalb (zum
  Beispiel Putzfrau).
- Möglichkeit 5:
  Hast du eine bessere Idee?

Empfehlenswert ist eine sinnvolle Aufteilung. Haushalt
(und Kinder) machen Arbeit, unterschätz das nicht!
Unfair ist es, wenn einer alleine das Geld verdient und
zusätzlich den Haushalt führen soll, während der andere
vor der Glotze hängt oder sonstwie die Zeit vertrödelt.
Gründe wie schwere Krankheiten oder Kinder sind ein
separiertes Kapitel!

Hast du aktuell keinen Job, kannst du vorübergehend
Aushilfstätigkeiten annehmen, putzen oder als
"Clickworker" Aufträge annehmen.

Lasst nicht zu, dass sich einer von euch ausgenutzt
vorkommt. Eine Beziehung geht zu gleichen Lasten,
nicht auf Kosten des anderen.
Ein entsprechendes Ungleichgewicht führt zu
einem Ungerechtigkeitsempfinden und Spannungen.
Daraus resultieren viele Probleme.
Darum klärt ab wie ihr teilen wollt, es wird euch ohnehin
nicht erspart bleiben.

Finanzen

Geld spielt in jeder Beziehung eine Rolle.
Anfangs ist es kein Thema, aber eines Tages kommt der
Punkt, an dem ihr euch über die Finanzen unterhalten
solltet, zumindest, wenn ihr zusammenlebt. Hat jeder
seinen eigenen Bereich, sein eigenes Nest, sieht das ein
klein wenig anders aus.
So schön die Liebe ist, ausschließen könnt ihr das
Thema Geld nicht - zumindest, wenn eure Liebe halten
soll. Darum ist es wichtig, dass ihr darüber redet. Dabei
geht es jetzt nicht darum, dass du sofort die Vorlage für
einen Ehevertrag verfasst!

Überlegt euch folgendes:
Wieweit soll das Thema Geld bei der Partnerschaft
für euch eine Rolle spielen?

Wie gut könnt ihr euch selber (und gegebenenfalls einen Partner) versorgen? Was ist, wenn es Kinder gibt?

Früher war - gerade für Frauen - ein Partner mit gutem finanziellen Background überlebensnotwendig.
Wenn sie nicht gerade ins Kloster ging oder selber arbeitete (es gab mehr Single-Frauen als heute angenommen wird), blieb ihr noch die Möglichkeit zu heiraten. Meist zählte das Geld mehr als die Liebe. Doch es geht um eure Beziehung - wie wollt ihr eure Zukunft gestalten?

Die erste Zeit

Vergesst das Thema Geld und genießt die Liebe, die ihr füreinander empfindet. Die Finanzen kommen früh genug.
Macht es Sinn, wenn einer alles bezahlt? Die Rechnungen im Lokal, die Leckereien, die Goodies und Geschenke sind damit gemeint.

Wenn du keine oder wenige Finanzen zur Verfügung hast, gib zurück, was du dir leisten kannst - bastle Liebes und Individuelles für deinen Schatz. Oder schenk Persönliches.
Gleich zu Beginn sollte das Thema Geld keine primäre Rolle spielen.

Ihr seid ein fixes Paar geworden.

Herzlichen Glückwunsch. Jetzt ist es an der Zeit
zum ersten das Thema Finanzen konkret aufs Tapet zu
bringen.
Ihr lebt noch getrennt, wisst nicht, was der andere
verdient. Spätestens jetzt ist es an der Zeit,
dass ihr euch Gedanken darüber macht, wie ihr die
anfallenden Kosten teilen wollt.
Zahlt bei Lokalbesuche abwechselnd die
Rechnungen. Bringt abwechselnd zu Treffen Essen oder
andere Kleinigkeiten mit - ihr habt Kosten, teilt sie
nach euren Möglichkeiten.

Ihr seid zusammengezogen.

Redet miteinander darüber, wer welche Kosten trägt. Es
spielt eine wesentliche Rolle, wie viel jeder
von euch verdient.

- Möglichkeit 1:
  Einer trägt die Fixkosten, der andere die
  laufenden Kosten wie Lebensmittel oder
  Putzmaterialien.
- Möglichkeit 2:
  Ihr habt ein gemeinsames Konto, aus dem alles
  bezahlt wird.

- Möglichkeit 3:
  Ihr findet eine eigene Lösung, die
  für euch optimal ist.

Das ist von Paar zu Paar unterschiedlich. Es ist eine
Frage der Wertschätzung, wenn die Kosten geteilt
werden (sofern das finanziell durchführbar ist).

Ihr heiratet.

Herzlichen Glückwunsch. Spätestens jetzt
geltet ihr gesetzlich als wirtschaftliche Gemeinschaft.
Denkt vorab über einen Ehevertrag nach. Es gehen
heute viele Ehen zu Bruch. Zwar klingt das schön
unromantisch, im Fall der Fälle sichert es euch beide ab.

Es kommen Kinder.

Natürlich wird es finanzielle Unterstützung von
Seiten des Staates geben (sofern ihr in entsprechenden
Ländern lebt). Klärt neu ab, wie ihr die Finanzen jetzt
handhaben wollt.

Übrigens ist die Zeit der Karenz optimal geeignet eine
Fortbildung zu machen (sofern ihr die Energie erübrigen
könnt).

Und danach?

Es kann leicht passieren, dass sich Einkommen und Ausgaben verändern. Gerade bei größeren Veränderungen ist es zu empfehlen euch neu zusammenzusetzen und zu schauen, wie sich das auf euch und eure Planungen auswirkt. Ob Jobverlust oder -anfang, Krankheit oder Erfreuliches - ihr wisst nicht, was noch kommen wird.
Rechnet im Lauf eurer Beziehung damit,
dass ihr mehrmals neu revidieren müsst, bis es
für euch passt.

Wichtig!
Dein Partner, dein Schatz, ist KEINE wandelnde Geldbörse, sondern ein fühlendes, liebendes Wesen, das wie du geachtet und geliebt werden will.
Liebe und Partnerschaft bedeuten,
dass ihr euch unterstützt, aber nicht ausnutzt.
Wertschätzung bedeutet ebenfalls die wirtschaftlichen Faktoren mit einzuberechnen.
Jede Liebe ist anders, jedes Paar anders, jede Beziehung anders.

Wie ihr miteinander dahin gehend verfahrt, das müsst ihr selber wissen. Doch wenn ihr nicht gezielt nach einem Partner mit Geld und Vermögen her seid, überlegt euch gut, wie ihr euren Part einbringt.

Die Sache mit der Kommunikation

Praktisch jede Beziehung steht früher oder später vor einem Dilemma, wenn die Kommunikation nicht mehr funktioniert. Beziehung bedeutet Kommunikation. Dank der Konzentration auf "Kommunikation" im Berufsalltag können viele dieses Wort, verständlicherweise, nicht mehr hören. Darum herum kommen werdet ihr nicht!
Wer über viele Jahre mit dem gleichen Partner an seiner Seite lebt, gelangt eines Tages an den Punkt, wo diese Kommunikation nicht mehr reibungslos funktioniert. In vielen Paaren fallen Worte wie "Hexe", "Geizkragen" oder andere Begriffe.
Daran können Beziehungen und Ehen zerbrechen.

Kennst du den Spruch "die Feder ist mächtiger als das Schwert". Verletzende Worte tun weh. Sie nagen und graben und eines Tages ist das Vertrauen dahin. Man zieht sich zurück, übrig bleibt die leere Hülle einer einst liebevollen Romanze, die nicht mehr ist als ein seelenloser Zombie. Willst du das?

Wenn du dort stehst und nicht mehr weiter weißt, setzt euch zusammen und denkt darüber nach, wie ihr eure Kommunikation verbessern könnt.

Denn wenn es euch noch weh tut, hegt ihr noch Gefühle füreinander - es ist es wert um eure Liebe zu kämpfen!

Doch wie könnt ihr eure Gedanken, Gefühle und Bedürfnisse effektiv anbringen? Vor allem, wenn ihr unfähig seid miteinander zu reden? Ein hoher Prozentsatz besteht zu diesem Punkt aus emotionalen Zusammenbrüchen und anderen Aggressionsformen wie Entfremdungen, wenn ihr nicht mehr richtig miteinander reden könnt. Das Herzblut eurer Beziehung ist in Gefahr auszutrocknen. Wollt ihr eine harmonische Beziehung miteinander führen?

Viele gescheiterte Gespräche sind darauf zurückzuführen, dass sie Dinge und Verhalten reflektieren, die in eurer gemeinsamen Vergangenheit liegen. Es geht um schlecht gebildete Mechanismen der Abwehr, die euch ursprünglich schützen sollen. Doch jetzt werden sie genutzt um den anderen emotional anzugreifen, zu erpressen und vieles mehr.

Gerade weil ihr euch schützen wollt, entwickelt ihr Schutzmechanismen, die dem / der anderen wehtun. Vor allem wenn ihr euch dem / der anderen gegenüber geöffnet habt. Dadurch seid ihr verletzlich, der / die andere weiß wo er / sie zustechen muss.

Wie könnt ihr das reparieren?

Die wichtigste Sache neben der Liebe, ist die Kommunikation um eine Beziehung am Laufen zu halten. Eine gute, starke Beziehung ist wie eine Säule, die in Notzeiten festhält. Ist die Problematik in der Beziehung selber zu finden, ist diese Säule instabil.

Tipp:
Verzichte auf persönliche Angriff!
Nutze keine Worte wie faul, egoistisch, egozentrisch oder besessen – das tut weh und zieht dein Gegenüber runter.
Schwer verdauliche Worte gehen leicht von den Lippen, einer angeknacksten Beziehung können sie den Todesstoß versetzen.

Tipp:
Nutze keine negativen Schlagwörter
Worte wie "Hexe" oder "Säufer" sind in vielen Beziehungen zu hören. Das ist nicht akzeptabel – es fehlt der Respekt. (darunter fällt nicht, wenn ein regulär negativ besetztes Wort als Kosewort genutzt wird).
Man gewöhnt sich zwar dran, dem Ego tut das nicht gut.

Tipp:
Keinen erhobenen Zeigefinger
Zum Du folgen Angriffe wie "du lässt mich immer allein",

oder "du schmeißt unser Geld zum Fenster raus
für Plunder!".
Hier kannst du leicht umformulieren.
Wenn dein Partner für deinen Geschmack zu "faul" ist,
sag lieber, "ich fühle mich erschöpft, wenn ich alles allein
machen musst, ich habe keine Energie mehr, um noch
etwas gemeinsam zu unternehmen" – der Ton macht die
Musik.

Ehrlich? In Beziehungen kommt dieses Verhalten vor. Es
liegt an euch wie ihr damit umgeht. Du darfst verärgert
oder sauer sein. Manche Tage sind echt übel. Lass das
bitte nicht an deinem Schatz aus!

Dadurch entwickelt sich dein Schatz zu deinem Feind.
Reden hilft, wenn nicht auf Durchzug geschaltet wird.

<u>Doch woran liegt es?</u>

Wir sind keine Experten um den anderen lesen zu
können – wir können uns bemühen!
Nicht jedes Signal wird verstanden. Du magst denken
Signale reichen, das stimmt nicht! Sie können
untergehen oder falsch beim Empfänger ankommen.

Anfangs fällt dir das nicht auf, aber nach vielen Jahren
Beziehung mit dem gleichen Menschen merkst du, dass
einfache Signale nicht ausreichen.

Wenn ihr euch unsicher seid, wie der andere das Gesagte auffasst, erklärt es! Redet euch aus, bis klar verstanden wird, was gemeint ist!

sprecht miteinander

Menschen sind kommunikative Wesen!

Dein Schatz hat, ebenso wie du, eigene Probleme, tolle Erlebnisse oder will sich ausheulen über das Elend der Welt. Sei da und frag sie wie es ihm / ihr geht.

Eine Beziehung, in der nicht miteinander geredet wird, wo nicht miteinander kommuniziert wird, ist anfangs machbar, eines Tages, wenn die rosarote Brille verschwindet, fängst du an, dich von ihm / ihr genervt zu fühlen, wenn er / sie reden will. Hör ihm / ihr zu!

Das bedeutet, leg dein Handy beiseite und stell den Fernseher aus. Du erwartest, dass dein Schatz sich dir widmet – gib deinem Schatz die gleiche Chance von deiner Seite!

Sicher ist es lästig, wenn zum x-ten Mal der Schuhkauf besprochen wird oder dein Schatz über seinen Sport quatscht. Ändern kannst du niemanden komplett. Du hast das Gesamtpaket genommen. Übrigen, das gilt gleichfalls umgekehrt, wenn du zuhörst, darfst du das ebenso von deinem Schatz erwarten.

Eine Beziehung funktioniert IMMER in zwei Richtungen.

Schluss machen ...

Werft nicht bei der ersten Schwierigkeit die Flinte ins Korn. Es ist wichtig, wie geht ihr damit um?

Ist das Ende der Beziehung gekommen, kommt es auf euch beide und Faktoren wie Zeit oder Ort an. Wichtig ist die Frage, ob es sich noch auszahlt für eure Liebe zu kämpfen oder nicht. Ist eine Trennung nötig?

Denkt vor einer geplanten Trennung gründlich nach, macht nicht sofort Schluss. Besprecht erst alternative Möglichkeiten, bevor ihr einen Rosenkrieg anzettelt. Ihr seid erwachsen, verhaltet euch erwachsen!

Erst wenn ihr keine andere Lösung mehr seht, gebt einander frei. Doch macht euch klar, es ist unwahrscheinlich, dass ihr nachher noch Freunde seid.

Die wenigsten Paare schaffen es nach einer Trennung Freunde zu bleiben. Schafft ihr das, dürft ihr euch gratulieren!

Liebes

kummer

Natürlich sagt es sich leicht – die Zeit heile alle Wunden. Das stimmt zwar, nutzt dir bei Liebeskummer herzlich wenig.

Bis zur Heilung gehst du durch die Hölle. Hilfreiche Ideen sind rar.
Das erste Wahl der Mittel bedeutet,
setz dich mit deinem Liebeskummer auseinander. Lebe ihn aus, verarbeite ihn. Im Grunde ist Liebeskummer Trauerarbeit. Du musst trauern, um einen Verlust verarbeiten und loslassen zu können.
Alkohol und anderes „Berauschendes/Betäubendes" eignen sich nicht, um mit Liebeskummer umzugehen. Möchtest du zum Liebeskummer noch einen Kater? Eine neue Beziehung kann helfen. Guter Rat ist teuer.

<u>Wie entsteht Liebeskummer?</u>

Der Mensch ist ein emotionales Wesen. Liebe besteht aus Höhen und Tiefen. Gefühle werden benötigt, um als soziale Geschöpfe zusammenleben zu können. Im Grund genommen geht es beim Liebeskummer darum Verlorenes zu finden.

<u>Was tun?</u>

Liebeskummer kommt mit dem Gefühl einher sich hintergangen und verraten zu fühlen.

Trennt sich der Partner, weil er / sie eine neue Flamme hat, kommen Emotionen wie Demütigung und Machtlosigkeit hoch. Das Gefühl, der / die andere „gehöre" dir, spielt ebenfalls mit rein. Bei vielen entwickelt sich daraus Wut, Verzweiflung oder schlicht immense Sehnsucht. Manche schaffen es nicht mehr ehemalige Plätze gemeinsamen Glücks aufzusuchen. Dadurch schränken sie sich selber noch mehr ein. Kommst du damit klar?

Eine weitere Folge bedeutet, dass gemeinsame Träume zerbrechen, Geplantes nicht mehr gemeinsam ausgeführt wird.

Bei Liebeskummer verstehst du die Welt nicht mehr und denkst, alles ist zu Ende – alles ist trostlos und öde. Die Zukunft ist zerbrochen.

<u>Genau hier gilt es anzusetzen!</u>

Bedenke, verliebt sein ist wie eine Droge – Dopamine, Endorphine, Adrenalin und einiges mehr bringen uns in Wallung und sorgen für Glück und seelisches Wohlbefinden. Das kann zur Sucht führen. Bei Trennung spürst du Entzugserscheinungen.

Fang an, die Entzugserscheinungen in den Griff zu bekommen.

Was hast du lange nicht mehr getan hast? Gönn dir eine Reise, sammle neue Eindrücke. Wenn nötig, verkrieche dich und heule - kurzfristig! Schokolade und Alkohol sind ungünstig – das führt zu Kater und Übergewicht. Mach Sport, geh an die frische Luft, lerne neue Leute kennen. Das alles kann Glücksgefühle liefern und Liebeskummer überlagern.

Liebeskummer überwindest du nicht, indem du dich darin suhlst, sondern indem Altes durch neue Eindrücke überlagert wird.

Trauerphase

Plötzlich ist es passiert. Der Boden wird dir unter den Füßen weggerissen. Du fällst und verstehst die Welt nicht mehr. Hast du richtig gehört? Das Loch, in das du jetzt fällst, ist groß und es geht tief hinab. Dein Schatz will dich nicht mehr haben. Du bist im Weg. Die schönsten Momente, die intensivsten Augenblicke des Glücks und die tiefsten Sorgen habt ihr miteinander geteilt und jetzt diese grausamen und gemeinen Worte? Du stehst allein da. Dein Schatz packt die Sachen oder nimmt dir den Schlüssel zu seiner / ihrer Wohnung ab.

Was jetzt?

Hol dir eine große Packung Schokolade, pack die traurigste Musik aus die du finden kannst und lass die Tränen fließen. Oder geh ins nächsteFitness-Center und prügle den Boxsack dort windelweich.

Jeder geht anderes damit um, schlucken und tun, als wenn nichts wäre, schaffen die wenigsten - und gesund ist das ohnehin nicht.

In diesem Moment beginnt eine Trauerphase, ein Abnabelungsprozess, der schmerzhaft werden kann. Verarbeite den Schmerz, verdrängen können ihn die wenigsten. Schließ Kontakt zu neuen Leuten, lass dich nicht noch tiefer von ihnen hinunterziehen.

Aus diesem Problem kannst du Positives ziehen. Du kennst den Spruch "was mich nicht umbringt, macht mich härter"?

Reflektiere dein Leben und deine Beziehung.

Mach dich frei. Du bist wieder ein einzelner Mensch.

Versuche es zu genießen - wenn du kannst.

Denn dein nächster Partner kann hinter der nächsten Ecke sein. Oder genieße eine Weile das neue, frische Single-Dasein.

Im Moment der Trauer ist es kein Trost. Doch es wird der Moment kommen, wo du den nächsten Schritt machst. Wann das ist liegt vor allem an dir!

der andere ist vergeben

Wenn du dich unsterblich verliebst, willst du, dass deine Liebe erwidert wird. Was wenn nicht? Dann verspürst du Liebeskummer.

Die Gründe für Liebeskummer sind verschieden – einer der härtesten ist, wenn der andere (glücklich) vergeben ist. Die meisten von uns leben in einer monogamen Gesellschaft. Da ist es schwierig, wenn die eigenen Gefühle hinten anstehen müssen, um einem anderen Paar nicht dazwischen zu funken.

Doch ist das immer ein No-Go?

Unter Umständen ist es gut, wenn du deine Gefühle offenbarst. Sondiere vorher gut ab.

Ein absolutes No-Go ist es, wenn das andere Paar glücklich miteinander ist. Funktioniert deren Beziehung – lass die Finger vom anderen!

Sei in dem Fall eine gute Freundin / guter Freund - erwarte nichts. Zu bitter wäre die Enttäuschung. Vor allem wenn dein Schatz treu ist.

Betrügt dein Schatz seinen / ihren Partner, ist ohnehin Vorsicht angebracht. Was er / sie mit dir macht, kann dir mit diesem Menschen später ebenfalls passieren.

Ist deren Beziehung am Ende kannst du vortasten.

Sind Kinder in der Beziehung vorhanden, ist das noch eine Spur verschärfter zu betrachten.

Ist deine Liebe vergeben, wägst du besser ab, ob du dich einmischst. Halte dich lieber zu viel als zu wenig zurück. Dräng dich nicht in eine funktionierende Beziehung!

Hör auf dein Herz und sieh dir die Situation gut an. Damit minimierst du mögliche Folgen für alle Beteiligten.

einseitig verliebt

Du bist Hals über Kopf in deinen Schatz verschossen. Ihr seid viel zusammen unterwegs, unternehmt vieles gemeinsam. Irgendwie schaffst du es nicht mehr deine Gedanken von dieser Person weg zu bekommen. Du bist verliebt.

Von deinem Schatz kommen ähnliche Signale, du achtest auf alles, was dein Schatz sagt / tut, in der Hoffnung, dass deine Liebe erwidert wird.

Du bereitest ein Candle Light Dinner vor, schreibst einen Liebesbrief, hast ein Geschenk parat, das du mit Liebe ausgesucht hast, und erklärst deinem Schatz, dass er / sie dein Herz erobert hat.

Es vergehen Sekunden, die dir wie eine Ewigkeit vorkommen - und hörst du, was du nicht hören willst. In dir zerbricht eine ganze Welt.

Dir ist es in diesem Moment unwichtig, ob dein Schatz noch nicht bereit ist oder du als normale/r Freund/in gesehen wirst. Dir zerreißt es das Herz und brennt dich innerlich aus. Wie sollst du da ruhig bleiben? Wie willst du verhindern, dass du nicht durchdrehst?

Der wahre Grund für eine Abfuhr ist dir egal. Du spürst regelrecht, wie der Dolch in deinem Herzen gedreht wird. Darunter leidest du, es ist grausam. Wie sollst du nicht verzweifeln?

Der einzige Trost, den du hast ist, dass es anderen genauso ergeht - Frauen wie Männer kassieren Abfuhren.

Tipp:
Sprich mit deinem Schatz darüber. Bring in Erfahrung ob du Chancen hast oder nicht.

Zieh anschließend entsprechende Konsequenzen!

Signalisiere Verständnis für die Situation, egal wie schwer es dir fällt. Wenn nötig, verzichtet für eine Weile auf Kontakt. Versuch, wenn du es kannst, wie bisher weiter zu machen, ohne auf deine Liebeserklärung anzuspielen oder ständig darauf hinzuweisen. Braucht dein Schatz Zeit, dränge nicht!

Eines darfst du in dieser Situation nicht machen - eine Szene oder Vorwürfe! Bewahre deine Würde!

Nachwort

Die Liebe ist ein Thema, das keiner ergründen konnte. Das wirst du genauso wenig schaffen, wie es deine Vorfahren und deine Nachkommen werden.

Du kannst die Liebe als das annehmen, was sie ist - ein Mittel zum Zweck der Arterhaltung. Hübsch hergerichtet ist sie den meisten im Zustand des Verliebtsein ein Zustand des Miteinander-umgehen-Lernens. Wo lernst du besser mit deinen Mitmenschen umgehen als in diesem Zustand?

Ob du ein Verfechter von "Make love not war" bist oder die Liebe als solche genießen willst, ob dich die Liebe nervt oder du sie herbeisehnst, du wirst deinen eigenen Weg finden.

Halte die Augen offen nach dem Partner, der für dich geeignet ist. Lerne mit diesem Menschen zusammen zu sein. Ihr werdet aneinander wachsen, wenn ihr das zulasst.

Sprecht miteinander über Finanzen, Zusammenziehen und Kinder - das sind die essenziellen Teile, die ihr im Endeffekt gemeinsam klären müsst.

Bist du zum ersten Mal verliebt, wirst du noch viel Freude und Leid erfahren, bis du den richtigen Partner für dich gefunden hast. Liebeskummer und Tanz der

Hormone werden im Lauf der Jahre nicht leichter, aber du wirst damit umgehen lernen.

Die wenigsten Menschen sind zum Alleinsein geschaffen. Die meisten wollen jemanden an ihrer Seite! Du auch?

weiterführende Literatur

Marina Heilmeyer, Die Sprache der Blumen: Pflanzen und ihre symbolische Bedeutung, Bassermann Verlag, 2012

Vanessa Diffenbaugh, Die verborgene Sprache der Blumen, Knaur, 2012

Marina Heilmeyer, Die Sprache der Blumen, Prestel, 2002

Liebesbriefe großer Dichter, Gondrom Verlag, 2005

Hafis, Liebesgedichte, Insel Verlag, 2011

Stefan George, Gedichte, Insel Verlag, 2005

Heinrich Heine, Gedichte, Reclam, 1986

Eduard Mörike, Die schönsten Gedichte, Insel Verlag, 1999

Herstellung und Verlag:
BoD – Books on Demand, Norderstedt
ISBN 978-3-7392-3064-1

Copyright:
@2016 Rhiannon Brunner
Erstveröffentlichung 11.1.2016
Alle Rechte vorbehalten. Abdruck und Verwendung nur
mit schriftlicher Genehmigung der Autorin.

FSC
www.fsc.org

MIX

Papier aus ver-
antwortungsvollen
Quellen
Paper from
responsible sources

FSC® C105338